党的六项纪律知与行
（修订版）

中共云南省纪律检查委员会 编著
云南省监察委员会

云南人民出版社

图书在版编目（CIP）数据

党的六项纪律知与行／中共云南省纪律检查委员会，云南省监察委员会编著. -- 修订版. -- 昆明：云南人民出版社，2025.1. -- ISBN 978-7-222-23603-5

Ⅰ.D262.6

中国国家版本馆CIP数据核字第2025N855D4号

责任编辑：张祖庆　王绍来　陈艳芳　解彩群　黄　灿　杨昆芹
责任校对：朱海涛
责任印制：代隆参
装帧设计：越凡文化

党的六项纪律知与行（修订版）

DANG DE LIU XIANG JILÜ ZHI YU XING（XIUDING BAN）

中共云南省纪律检查委员会　编著
云南省监察委员会

出版	云南人民出版社
发行	云南人民出版社
社址	昆明市环城西路609号
邮编	650034
网址	www.ynpph.com.cn
E-mail	ynrms@sina.com
开本	889mm×1194mm　1/32
印张	8.25
字数	160千
版次	2025年1月第1版第1次印刷
印刷	云南出版印刷集团有限责任公司 华印分公司
书号	ISBN 978-7-222-23603-5
定价	46.00元

如需购买图书、反馈意见，请与我社联系
总编室：0871-64109126　发行部：0871-64108507
审校部：0871-64164626　印制部：0871-64191534

版权所有　侵权必究　印装差错　负责调换

云南人民出版社微信公众号

出版说明

加强纪律建设是全面从严治党的治本之策，也是我们党走好新时代赶考之路的重要保证。党的十八大以来，以习近平同志为核心的党中央，把纪律建设纳入党的建设总体布局，一体推进纪律制定、纪律教育、纪律监督、纪律执行，党的纪律被鲜明立起来、严起来。2020年中共云南省纪律检查委员会、云南省监察委员会组织编写了《党的六项纪律学习丛书》（以下简称《丛书》），从基本含义、重要意义、负面清单等方面，对党的六项纪律的基本内容作了全面梳理，通过案例解析、纪法链接、廉洁提醒等形式，帮助广大党员干部学深悟透党的六项纪律，真正把遵规守纪刻印在心。自《丛书》出版以来，受到了省内外和社会各界的广泛好评。

2023年12月19日，党中央印发新修订的《中国共产党纪律处分条例》。2024年，全党开展党纪学习教育，把学习贯彻新修订党纪处分条例作为重点。为深化党纪学习教育成果，帮助党员干部更好学纪、知纪、明纪、守纪，我们在2020年编写《丛书》的基础上，对照新修订的党纪处分条例对相关内容进行了调整和更新。

本书图文并茂，理论与实际相结合，逻辑框架清晰，内容解读精准，有很强的可读性和可行性，有利于进一步推动党的六项纪律入脑入心、见行见效，教育引导党员干部增强纪律意识、提高党性修养，做守纪律、讲规矩的明白人。

本书修订工作在中共云南省纪律检查委员会、云南省监察委员会指导下进行，云南省社会科学院吴莹、张德兵、黄颖琼、张睿莲、蒋坤洋、刘雪璟、张秀芬参与了本书的修订工作。在此，我们向所有为本书的出版工作作出贡献的单位和个人表示诚挚的感谢。

书中若有疏漏或不妥之处，敬请读者不吝批评指正。

目 录

第一章 党的政治纪律知与行 …………………… 1
  一、什么是政治纪律 …………………………… 3
  二、为什么要严守政治纪律 …………………… 3
  三、政治纪律负面清单 ………………………… 5
  四、违反政治纪律行为剖析 …………………… 25
  五、严守政治纪律的"硬核"要求 …………… 44

第二章 党的组织纪律知与行 …………………… 55
  一、什么是组织纪律 …………………………… 57
  二、为什么要严守组织纪律 …………………… 57
  三、组织纪律负面清单 ………………………… 59
  四、违反组织纪律行为剖析 …………………… 77
  五、严守组织纪律的"硬核"要求 …………… 90

第三章　党的廉洁纪律知与行 ·················· 103
　　一、什么是廉洁纪律 ···························· 105
　　二、为什么要严守廉洁纪律 ···················· 105
　　三、廉洁纪律负面清单 ························ 107
　　四、违反廉洁纪律行为剖析 ···················· 125
　　五、严守廉洁纪律的"硬核"要求 ·············· 138

第四章　党的群众纪律知与行 ·················· 149
　　一、什么是群众纪律 ···························· 151
　　二、为什么要严守群众纪律 ···················· 151
　　三、群众纪律负面清单 ························ 153
　　四、违反群众纪律行为剖析 ···················· 164
　　五、严守群众纪律的"硬核"要求 ·············· 176

第五章　党的工作纪律知与行 ·················· 187
　　一、什么是工作纪律 ···························· 189
　　二、为什么要严守工作纪律 ···················· 189
　　三、工作纪律负面清单 ························ 190
　　四、违反工作纪律行为剖析 ···················· 200
　　五、严守工作纪律的"硬核"要求 ·············· 209

第六章 党的生活纪律知与行 …………… 221
一、什么是生活纪律 ………………………… 223
二、为什么要严守生活纪律 ………………… 223
三、生活纪律负面清单 ……………………… 225
四、违反生活纪律行为剖析 ………………… 234
五、严守生活纪律的"硬核"要求 ………… 245

第一章　党的政治纪律知与行

在党的全部纪律中,政治纪律是打头、管总的。政治纪律是最重要、最根本、最关键的纪律,遵守党的政治纪律是遵守党的全部纪律的重要基础。习近平总书记强调,严明党的纪律,首要的就是严明政治纪律。如果政治纪律立不起来、严不起来或执行不到位,势必导致其他纪律全面失守,党就会陷入软弱涣散的境地。对每名党员干部来说,守纪律首先要遵守政治纪律,把严守政治纪律和政治规矩永远排在第一位,在重大原则问题和大是大非面前,必须立场坚定、旗帜鲜明。

《中国共产党纪律处分条例》对违反政治纪律行为的处分

一、什么是政治纪律

党的政治纪律,是各级党组织和全体党员在政治方向、政治立场、政治言论、政治行为方面必须遵守的规矩,是维护党的团结统一的根本保证。政治纪律的核心要求是对党忠诚,根本任务是坚持党的领导,维护中央权威。

二、为什么要严守政治纪律

习近平总书记强调,党要管党、从严治党,靠什么管、凭什么治?就是靠严明纪律。严明党的纪律,首要的就是严明党的政治纪律。只有抓住政治纪律这个"纲",才能带动其他纪律严肃起来,确保全体党员讲政治、讲原则、讲规矩,始终做政治上的明白人。

严明政治纪律,是马克思主义政党的本质特征。我们党是靠革命理想和铁的纪律组织起来的马克思主义政党,讲政治是突出的特点和优势。没有强有力的政治保证,党的团结统一就是一句空话。各级党组织和全体党员必须严守政治纪律,深刻领悟"两个确立"的决定性意义,增强"四个意识"、坚定"四个自信"、做到"两个维护",

在思想上政治上行动上始终同以习近平同志为核心的党中央保持高度一致。

严守政治纪律，是保持党的先进性和纯洁性的必然要求。我们党面临的"四大考验""四种危险"是长期的、尖锐的，影响党的先进性、弱化党的纯洁性的因素也是复杂的，党内存在的思想不纯、政治不纯、组织不纯、作风不纯等突出问题尚未得到根本解决。各级党组织和全体党员必须严守党的政治纪律，提高政治免疫力，抵御各种病毒的侵蚀，永葆党的先进性和纯洁性。

严守政治纪律，是巩固党的执政根基的根本保证。人民立场是我们党的根本政治立场，是马克思主义政党区别于其他政党的显著标志。党与人民风雨同舟、生死与共，始终保持血肉联系，是党战胜一切困难和风险的根本保证，是党永远立于不败之地的根本所在。各级党组织和全体党员必须严守政治纪律，紧扣民心这个最大的政治，牢记党的宗旨，牢记肩上责任，实现好、维护好、发展好最广大人民的根本利益。

严守政治纪律，是我们党对各级党组织和全体党员的刚性约束。各级党组织不论层级高低，全体党员不论职务大小、资历深浅、成就多少，必须严守政治纪律、坚定政治信仰、把准政治方向、站稳政治立场、保持政治定力，不辜负党的信任和培养，为党和人民的事业奋斗终身。

> 在政治问题上，任何人同样不能越过红线，越过了就要严肃追究其政治责任。有些事情在政治上是绝不能做的，做了就要付出代价，谁都不能拿政治纪律和政治规矩当儿戏。
>
> ——《习近平关于严明党的纪律和规矩论述摘编》，中央文献出版社、中国方正出版社2016年版，第23—24页

三、政治纪律负面清单

★ 9个方面　　★ 30条负面清单

《中国共产党纪律处分条例》为党组织和党员划出了政治纪律红线，主要划分为9个方面30条负面清单。

第一方面

"四个意识"不强、落实"两个维护"不到位

1. 在重大原则问题上不同党中央保持一致且有实际言论、行为或者造成不良后果。

悬崖边缘

《中共中央关于加强党的政治建设的意见》

> 决不能对中央大政方针和重大工作部署口无遮拦、毫无顾忌、评头论足,任何情况下都要严守政治纪律,自觉维护中央权威。
>
> ——《习近平关于严明党的纪律和规矩论述摘编》,中央文献出版社、中国方正出版社2016年版,第96页

> 不得对党中央的大政方针说三道四,不得公开发表同中央精神相违背的言论。
>
> ——《习近平关于严明党的纪律和规矩论述摘编》,中央文献出版社、中国方正出版社2016年版,第27页

2. 在党内组织秘密集团或者组织其他分裂党的活动，参加秘密集团或者参加其他分裂党的活动。

3. 党员领导干部在本人主政的地方或者分管的部门自行其

都是我的人

> 党内决不能搞封建依附那一套，决不能搞小山头、小圈子、小团伙那一套，决不能搞门客、门宦、门附那一套，搞这种东西总有一天会出事！有的案件一查处就是一串人，拔出萝卜带出泥，其中一个重要原因就是形成了事实上的人身依附关系。在党内，所有党员都应该平等相待，都应该平等享有一切应该享有的权利、履行一切应该履行的义务。
>
> ——《十八大以来重要文献选编（上）》，中央文献出版社2014年版，第770页
>
> 有的干部信奉拉帮结派的"圈子文化"，整天琢磨拉关系、找门路，分析某某是谁的人，某某是谁提拔的，该同谁搞搞关系、套套近乎，看看能抱上谁的大腿。有的领导干部喜欢当家长式的人物，希望别人都唯命是从，认为对自己百依百顺的就是好干部，而对别人、对群众怎么样可以不闻不问，弄得党内生活很不正常。
>
> ——《十八大以来重要文献选编（上）》，中央文献出版社2014年版，第769—770页

是，搞山头主义，拒不执行党中央确定的大政方针，甚至背着党中央另搞一套。

4. 落实党中央决策部署不坚决，打折扣、搞变通，在政治上造成不良影响或者严重后果。

5. 擅自对应当由党中央决定的重大政策问题作出决定、对外发表主张。

6. 政绩观错位，违背新发展理念、背离高质量发展要求。

就是不落地

> 涉及全党全国性的重大方针政策问题，只有党中央有权作出决定和解释。各部门各地方党组织和党员领导干部可以向党中央提出建议，但不得擅自作出决定和对外发表主张。
> ——《关于新形势下党内政治生活的若干准则》

第二方面

发表、传播有严重政治问题的言论

7. 通过网络、广播、电视、报刊、传单、书籍等，或者利用讲座、论坛、报告会、座谈会等方式，公开发表坚持资产阶级自由化立场，反对四项基本原则；违背、歪曲党的改革开放决策，或者其他有严重政治问题的文章、演说、宣言、声明等；妄议党中央大政方针，破坏党的集中统一；丑化党和国家形象，或者诋毁、诬蔑党和国家领导人、英雄模范，或者歪曲党的历史、中华人民共和国历史、人民军队历史，以及为这些行为提供方便条件。

奏"反调"

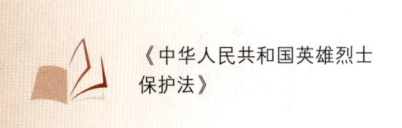

《中华人民共和国英雄烈士保护法》

> 在一些干部中，乱评乱议、口无遮拦现象比较突出。如果造谣生事那是违反党纪甚至违反国法的，但这些人就是在那儿调侃，传播小道消息，东家长西家短乱发议论，热衷于转发不良信息，甚至一些所谓"铁杆朋友"，聚在一起妄议中央大政方针。
>
> ——《习近平关于严明党的纪律和规矩论述摘编》，中央文献出版社、中国方正出版社2016年版，第26页

8. 制作、贩卖、传播坚持资产阶级自由化立场、反对四项基本原则、反对改革开放决策、有严重政治问题的书刊、音像制品、电子读物、网络音视频资料。

9. 私自携带、寄递坚持资产阶级自由化立场、反对四项基本原则、反对改革开放决策、有严重政治问题的资料入出境。

好奇害死"猫"

第三方面

破坏党的团结统一

10. 在党内搞团团伙伙、结党营私、拉帮结派、政治攀附、培植个人势力等非组织活动，或者通过搞利益交换、为自己营造声势等活动捞取政治资本。

关系网

> 决不允许在党内培植私人势力，要坚持五湖四海，团结一切忠实于党的同志，团结大多数，不得以人划线，不得搞任何形式的派别活动。
>
> ——《习近平关于严明党的纪律和规矩论述摘编》，中央文献出版社、中国方正出版社2016年版，第27页

11. 制造、散布、传播政治谣言，破坏党的团结统一；政治品行恶劣，匿名诬告，有意陷害或者制造其他谣言，造成损害或者不良影响。

一张邮票八毛钱，让你纪委跑半年

> 党员、干部反映他人的问题，应该出于党性，通过党内正常渠道实名进行，不准散布小道消息，不准散发匿名信，不准诬告陷害等。
>
> ——《关于新形势下党内政治生活的若干准则》

第四方面

对组织不忠诚、不老实

12. 对党不忠诚不老实，表里不一，阳奉阴违，欺上瞒下，搞两面派，做两面人。

说是这样说，做是那样做

维护党的团结和统一,对党忠诚老实,言行一致,坚决反对一切派别组织和小集团活动,反对阳奉阴违的两面派行为和一切阴谋诡计。

——《中国共产党章程》

有的修身不真修、信仰不真信,很会伪装,喜欢表演作秀,表里不一、欺上瞒下,说一套,做一套,台上一套、台下一套,当面一套、背后一套,手腕高得很……这种口是心非的"两面人",对党和人民事业危害很大,必须及时把他们辨别出来、清除出去。

——习近平总书记在十八届中央纪委六次全会上的讲话（2016年1月12日）

13. 不按照有关规定向组织请示、报告重大事项。

如此"排雷"

 《中国共产党重大事项请示报告条例》

14. 结交、充当政治骗子。

15. 干扰巡视巡察工作或者不落实巡视巡察整改要求。

"剑"来"盾"挡

> 被巡视党组织及其工作人员有下列情形之一的，视情节轻重，依据有关规定对该党组织领导班子主要负责人或者其他有关责任人员，给予批评教育、责令检查、诫勉、组织处理或者党纪、政务处分；构成犯罪的，依法追究刑事责任：（一）隐瞒不报或者故意向巡视组提供虚假情况；（二）拒

绝或者不按照要求向巡视组提供有关文件资料；（三）指使、强令有关单位或者人员干扰、阻挠巡视工作，或者诬告、陷害他人；（四）组织领导巡视整改不力，落实巡视整改要求不到位，敷衍应付、虚假整改；（五）对反映问题的干部群众进行威胁、打击、报复、陷害；（六）其他不配合或者干扰巡视工作的情形。

——《中国共产党巡视工作条例》

16. 对抗组织审查，包括串供或者伪造、销毁、转移、隐匿证据，阻止他人揭发检举、提供证据材料，包庇同案人员，向组织提供虚假情况、掩盖事实等行为。

"连裆裤"

> **切莫耍这些对抗组织审查的"花招"**
> 装疯卖傻，佯装无辜；表面配合，避重就轻；
> 串通一气，攻守同盟；虚晃一枪，掩盖真相；
> 阻止检举，打击报复；藏匿逃逸，躲避审查；
> 拒不交代，负隅顽抗。

第五方面

不坚定理想信念

17. 组织、参加会道门或者邪教组织。

知识延伸

宗教极端势力、民族分裂势力、暴力恐怖势力等势力表现形式虽有不同，但本质上是一致的——都是打着民族、宗教的幌子，煽动民族仇恨，制造宗教狂热，大搞暴力恐怖活动，挑起暴乱骚乱，制造社会恐慌，破坏安定团结的局面，企图在制造混乱中达到分裂国家的目的，必须坚决予以抵制。

18. 信仰宗教的党员，经党组织帮助教育仍没有转变，参与利用宗教搞煽动活动。

 《反分裂国家法》

> 共产党员不得信仰宗教，要教育党员、干部坚定共产主义信念，防止宗教的侵蚀。对笃信宗教丧失党员条件、利用职权助长宗教狂热的要严肃处理。
>
> ——《中共中央 国务院关于加强宗教工作的决定》
>
> 共产党员要做坚定的马克思主义无神论者，严守党章规定，坚定理想信念，牢记党的宗旨，绝不能在宗教中寻找自己的价值和信念。
>
> ——习近平总书记在全国宗教工作会议上的讲话（2016年4月23日）

19. 组织迷信活动，或者参加迷信活动造成不良影响。

问计于"神"，于事无补

在我们的干部队伍中，也有的对共产主义心存怀疑，认为那是虚无缥缈、难以企及的幻想；有的不信马列信鬼神，从封建迷信中寻找精神寄托，热衷于算命看相、烧香拜佛，遇事"问计于神"。

——《习近平关于严明党的纪律和规矩论述摘编》，中央文献出版社、中国方正出版社2016年版，第16—17页

信念不牢，地动山摇。理想信念动摇是最危险的动摇，理想信念滑坡是最危险的滑坡。一些党员干部出这样那样的问题，说到底是信仰迷茫、精神迷失。

——《习近平新时代中国特色社会主义思想学习纲要》，学习出版社、人民出版社2019年版，第229页

第六方面

组织或参加反党、反社会主义活动

20. 组织、参加反对党的基本理论、基本路线、基本方略或者重大方针政策的集会、游行、示威等活动，或者以组织讲座、论坛、报告会、座谈会等方式，反对党的基本理论、基本路线、基本方略或者重大方针政策，造成严重不良影响。

伪自由

21. 组织、参加旨在反对党的领导、反对社会主义制度或者敌视政府等组织。

22. 从事、参与挑拨破坏民族关系制造事端或者参加民族分裂活动,或者有其他违反党和国家民族政策的行为。

> 全党必须坚决捍卫党的基本路线,对否定党的领导、否定我国社会主义制度、否定改革开放的言行,对歪曲、丑化、否定中国特色社会主义的言行,对歪曲、丑化、否定党的历史、中华人民共和国历史、人民军队历史的言行,对歪曲、丑化、否定党的领袖和英雄模范的言行,对一切违背、歪曲、否定党的基本路线的言行,必须旗帜鲜明反对和抵制。
>
> ——《关于新形势下党内政治生活的若干准则》

23．组织、利用宗教活动反对党的理论、路线、方针、政策和决议，破坏民族团结。及有其他违反党和国家宗教政策行为。

24．组织、利用宗族势力对抗党和政府，妨碍党和国家的方针政策以及决策部署的实施，或者破坏党的基层组织建设。

选"他"？

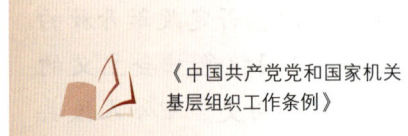

《中国共产党党和国家机关基层组织工作条例》

第七方面

在国（境）外或涉外活动中有政治问题言行

25. 在国（境）外、外国驻华使（领）馆申请政治避难，或者违纪后逃往国（境）外、外国驻华使（领）馆，以及故意为这些行为提供方便条件。

这是我"自己"的观点

> 对一些证据确凿、定性清晰的外逃腐败分子，可以考虑向全世界公布，点名道姓公开曝光，使之在世界任何一个角落都成为过街老鼠、人人喊打。
>
> ——《习近平关于党风廉政建设和反腐败斗争论述摘编》，中央文献出版社、中国方正出版社2015年版，第101页

26. 在国（境）外公开发表反对党和政府的文章、演说、宣言、声明等，以及故意为这些行为提供方便条件。

27. 在涉外活动中,其言行在政治上造成恶劣影响,损害党和国家尊严、利益。

第八方面

履行全面从严治党"两个责任"失职失责

28. 不履行全面从严治党主体责任、监督责任或者履行全面从严治党主体责任、监督责任不力,给党组织造成严重损害或者严重不良影响。

官场"四不"

在我们的干部队伍中……有的是非观念淡薄、原则性不强、正义感退化,糊里糊涂当官,浑浑噩噩过日子;有的甚至向往西方社会制度和价值观念,对社会主义前途命运丧失信心;有的在涉及党的领导和中国特色社会主义道路等原则性问题的政治挑衅面前态度暧昧、消极躲避、不敢亮剑,甚至故意模糊立场、耍滑头,等等。党的领导干部特别是高级干部,在大是大非面前没有态度,出了政治事件、遇到敏感性问题没有立场、无动于衷,岂非咄咄怪事!

——《习近平关于严明党的纪律和规矩论述摘编》,中央文献出版社、中国方正出版社2016年版,第16—17页

第九方面

违反党的政治规矩

29. 党员领导干部对违反政治纪律和政治规矩等错误思想和行为不报告、不抵制、不斗争,放任不管,搞无原则一团和气,造成不良影响。

你好,我好,样样好!

30. 违反党的优良传统和工作惯例等党的规矩，在政治上造成不良影响。

我说了算

知识延伸

我们党在长期实践中形成了三大优良作风，包括理论联系实际、密切联系群众、批评与自我批评的作风。理论联系实际，就是把马克思列宁主义的基本原理同中国革命的具体实践相结合，一切从实际出发，坚持实事求是；密切联系群众，就是党的各级组织和党员干部要和广大人民群众结合在一起，一切为了群众，一刻也不脱离群众；批评与自我批评，是正确处理和解决党内矛盾的有效举措，帮助党员同志相互纠正错误，共同进步。

> 为什么说党在长期实践中形成的优良传统和工作惯例也是十分重要的党内规矩呢？这是因为，对我们这样一个大党来讲，不仅要靠党章和纪律，还得靠党的优良传统和工作惯例。这些规矩看着没有白纸黑字的规定，但都是一种传统、一种范式、一种要求。纪律是成文的规矩，一些未明文列入纪律的规矩是不成文的纪律；纪律是刚性的规矩，一些未明文列入纪律的规矩是自我约束的纪律。党内很多规矩是我们党在长期实践中形成的优良传统和工作惯例，经过实践检验，约定俗成、行之有效，反映了我们党对一些问题的深刻思考和科学总结，需要全党长期坚持并自觉遵循。
>
> ——《习近平关于严明党的纪律和规矩论述摘编》，中央文献出版社、中国方正出版社2016年版，第7—8页

四、违反政治纪律行为剖析

任何时候任何情况下，党的政治纪律和政治规矩都是严肃的、具体的、实在的，如果违反政治纪律和政治规矩，必定要受到严肃追究。

（一）杜绝对党中央决策部署评头论足

某省委原书记秦某某在主政期间，公开发表与全面从严治党要求相违背的言论，曾表示中央八项规定太严了，不吃饭、不喝酒，就没有生产力。他还曾在会议上称"不能因为一点自身利益就举报"，并称"100封举报信，可能6封是实的"。

> **解析**
>
> 依据《中国共产党纪律处分条例》第四十九条的规定，秦某某"在重大原则问题上不同党中央保持一致且有实际言论"，其行为严重违反了党的政治纪律。

秦某某在重大政治问题上公开发表同党中央精神相违背的意见，对党中央决策部署评头论足的行为，实质上是目无政治纪律、无视党中央权威。与秦某某类似的情况并不少见，某省委原常委、秘书长赵某某，某省委原书记周某某等人都存在"散布与全面从严治党要求相违背的言论"的错误行为。如果党政"一把手"都对党中央的重大决策部署说三道四，其他干部就容易产生"思想之乱""意识之乱""价值观之乱"，就会严重损害党中央权威和集中统一，严重危害党和人民的事业。

清风提示

《关于新形势下党内政治生活的若干准则》规定："坚决维护党中央权威、保证全党令行禁止，是党和国家前途命运所系，是全国各族人民根本利益所在。"中国共产党作为一个有着9800多万名党员的大党，严格遵守政治纪律和政治规矩，确保以习近平同志为核心的党中央定于一尊、一锤定音的权威至关重要。党的各级组织、全体党员都要向党中央看齐，向党的理论和路线方针政策看齐，向党中央决策部署看齐，自觉在思想上政治上行动上同党中央保持高度一致，做到党中央提倡的坚决响应、党中央决定的坚决执行、党中央禁止的坚决不做。

《河北省委原书记、省人大常委会原主任周本顺严重违纪被开除党籍和公职》

（二）拔除"山头主义"的根系

某州委原副书记、人大常委会原主任余某某在任职期间，常以景颇族的"头人"自居，利用手中的权力为身边亲属"行方便"，为不法商人"开绿灯"，为违法犯罪活动撑"保护伞"，不断巩固自己的"山头"地位。一些党员干部缺乏"政治安全感"，与他套近乎，向他递"投名状"，以获得更高的政治地位和更大的经济利益，导致清清爽爽的同事关系、上下级关系荡然无存，他自己也成为当地政治生态的"污染源"。

解析

依据《中国共产党纪律处分条例》第五十六条"党员领导干部在本人主政的地方或者分管的部门自行其是，搞山头主义，拒不执行党中央确定的大政方针，甚至背着党中央另搞一套"的规定，余某某的行为严重违反了党的政治纪律。

余某某搞"山头主义"的行为，表面上只是搞点"小圈子"、营造"小气候"、培植"小势力"，实际上带来了"大塌方"。他的所作所为造成了当地的"塌方式腐

败",严重扰乱了当地的政治生态,成为全面从严治党的"拦路虎""绊脚石",是修复、净化政治生态过程中必须剔除的"政治毒瘤"。

清风提示

一些党员干部把擅权专政视为"有威信",把拉帮结派当作"搞团结",把分管领域当成私人领地,把权力用于为"小圈子"服务,以致"山头"越来越多、越做越大,自己也成为凌驾于党纪之上的"特殊人物"。比如,某州人大常委会原主任付某某等人以"教父"自居、独霸一方的行为,也是"山头主义"的典型表现,严重破坏了当地的政治生态。修复、净化政治生态,必须让"山头主义"失去生存空间,坚决清除污染底泥和污染因子,驱散"政治雾霾",扶正祛邪、正本清源,换来政治生态的海晏河清、朗朗乾坤。

 《迷途难返的"头人"》

（三）微信朋友圈不是"纪外之地"

某市公安局原副局长吴某周末在家休息时闲来无事，便打开微信浏览朋友圈。其间，他看到一篇关于"一国两制"的文章，觉得"甚好"，便轻点手机屏幕进行分享，并罔顾"一国两制"政策出台的背景与实际，发表评论大肆抨击、公然否定。由于吴某社会关系广、朋友杂，其观点被广泛转发，造成恶劣影响。

解析

依据《中国共产党纪律处分条例》第四十九条的规定，吴某"在重大原则问题上不同党中央保持一致且有实际言论、行为或者造成不良后果"，其行为违反了党的政治纪律。

点评

一个组织就是一座堡垒，一名党员就是一面旗帜，先是党员，才是网民，要自觉规范在微信等公共媒体上的言论，树立良好的党员形象，决不允许自行其是、不负责任地发表各种错误言论。吴某的行为，看似只是在微信朋友圈自由发表言论，但其社会关系广、朋友杂，微信朋友圈并非仅有家人和少数经常交往的好友，不属于私人空间，而是具有相当的公开性。身为党员干部,不顾"一国两制"基本国策出台的背景和意义,大肆抨击、公然否定,妄议党中央大政方针,破坏了党的集中统一,暴露出党性意识薄弱、政治意识不强、政治敏感性不高等问题。

> **清风提示**
>
> 在现实中,经常有一些党员干部平时说话不过脑子,口无遮拦,这些行为看似只是几句牢骚抱怨,但已经处于"走钢丝"的危险状态,一不小心就会踩了政治纪律的"红线"。因此,党员干部发表任何言论都要讲规矩、守纪律,切莫把微信、微博、QQ、抖音等社交媒体、软件当作信口开河的"纪外之地"。

《关于规范党员干部网络行为的意见》

 (四)开政治玩笑断送职业生涯

一则短视频在网上引起关注,视频中,国家级电视台的主持人毕某某与多名友人聚餐时,在饭桌上唱起样板戏,每唱一句就加一句戏谑性的评论,其中还涉及对已故国家领导人的调侃。事件曝光后,毕某某被电视台机关纪委依据有关规定给予严肃处理。

> **解析**
>
> 依据《中国共产党纪律处分条例》第五十一条"丑化党和国家形象,或者诋毁、诬蔑党和国家领导人、英雄模范,或者歪曲党的历史、中华人民共和国历史、人民军队历史"的规定,毕某某的行为违反了党的政治纪律。

毕某某是国家级电视台的主持人,台前幕后的一言一行都有较大的影响力。身为一名入党多年的老党员,却在聚会场合戏谑已故国家领导人,这种行为表面上是开政治玩笑,但实质上是对党和国家领导人的诋毁,是缺乏正确政治观和历史观的表现,也是自由主义和个人主义泛滥的体现。这不仅断送了自己的政治前途,还造成了社会负面影响。

清风提示

曾经有一段时间，由于管党治党宽松软，不重视对党员的教育引导，有的人拿董存瑞、黄继光等英雄人物编段子、找乐子，严重诋毁了英雄人物的形象。对于这些现象，很多党员通常是仅当玩笑，一笑置之，殊不知这种所谓的玩笑、调侃都是对党和国家历史、英雄人物的抹黑否定和极不尊重，有碍于形成正确的历史观和价值观，危害不容小觑。进了党的门就是党的人，任何场合都不能忘记自己共产党员的身份。是党员就要有纪律意识和规矩意识，不能将自己的言行凌驾于党的纪律规矩之上，口无遮拦、毫无顾忌地乱说胡说，要时刻用党的纪律和规矩这把尺子去丈量自己的言行。

（五）散布政治谣言终将滑向深渊

某州委原常委、政法委书记和某被免去职务，改为保留副厅级待遇。在伸手向组织要正厅级待遇未果后，便怀恨在心。2017年10月至2018年5月期间，和某使用他人身份信息购买两张移动电话卡，匿名向相关领导干部发送道听途说、恶意揣测、歪曲事实的不实短信，诋毁他人。2018年9月，他先后向有关领导同志邮寄了本人署名的公开信，散布主观臆断的不实信息，对领导同志能力、名誉进行诋毁。

> **解析** 依据《中国共产党纪律处分条例》第五十九条"政治品行恶劣,匿名诬告,有意陷害或者制造其他谣言,造成损害或者不良影响"的规定,和某的行为违反了党的政治纪律。

和某散布政治谣言的行为,实际上是将个人利益得不到满足转化为对组织的不满、对领导的怨恨,这不仅给领导同志的声誉带来了损害,也引发了无端猜测和人心混乱,严重扰乱了党委、政府的工作秩序,在政治上造成了恶劣影响。

> **清风提示**
> 政治品行恶劣,诬告陷害他人或者制造传播谣言不符合党员对党忠诚老实的要求,也对党内团结统一造成了严重危害。党员既要杜绝制造或散播无客观事实根据的言论,也要增强明辨是非和洞察真相的能力,不被谣言所迷惑。和某受到组织处理后,不但不思己过,反而变本加厉违纪违法,令人汗颜,最终因违反政治纪律、组织纪律、廉洁纪律、工作纪律,涉嫌受贿罪,于2018年10月15日被某省纪委监委立案审查调查。2019年8月和某被某市中级人民法院以受贿罪判处有期徒刑九年。

《黄昏绝唱》

（六）精神缺"钙"，"神"也救不了你

某省富滇银行原副行长孔某某是一个"虔诚"的有神论者，她有一个"法号"——"江拥卓玛"，还办理了皈依证。她带风水先生到办公室看风水、设佛龛、挂符咒，使用公款印制宗教书籍。为了不错过求神拜佛的良辰吉时，有时因故不能到场，她甚至安排下属到寺庙代她修法事，在干部职工中造成了恶劣影响。

解析

依据《中国共产党纪律处分条例》第七十条"组织迷信活动的，给予撤销党内职务或者留党察看处分；情节严重的，给予开除党籍处分。参加迷信活动或者个人搞迷信活动，造成不良影响的，给予警告或者严重警告处分；情节较重的，给予撤销党内职务或者留党察看处分；情节严重的，给予开除党籍处分"的规定，孔某某的行为违反了政治纪律。

作为一名共产党员,既然选择了入党,就应该坚持党的信仰,追求党的追求。孔某某却动摇了信仰根基,把封建迷信当作精神寄托,通过求神拜佛来保护官运、消灾避祸。实际上,她所谓的"虔诚"往往是因为违纪违法后"心中有鬼",妄想"神灵显灵",试图"躲过一劫",其行为既荒唐又可笑,最终为自己的违纪违法行为付出了惨痛代价。

 《"理财高手"的糊涂人生账》

清风提示

党员不信马列信鬼神、热衷于参加迷信活动,是与共产党人的信仰背道而驰的。作为共产党员,必须是坚定的马克思主义无神论者,这是由党的性质和共产党人的世界观决定的。共产党员必须用马克思主义科学理论武装头脑,自觉树立共产主义远大理想信念,坚守共产党人精神家园,决不允许在封建迷信中寻找寄托。

《习近平谈信仰信念》

（七）不履行全面从严治党"第一责任人"责任，就得挨板子、受处理

某省国有资本运营有限公司原党委书记、董事长刘某，自认为是业务型干部，向来不把党建工作当回事儿。在党纪党规及相关制度面前，经常不以为意，带头不执行规定，甚至破坏规矩，并对班子中党风廉政建设的一些问题放任不管，搞无原则的一团和气。2017年，该企业党风廉政建设责任制被评定为不合格。2018年，整改情况复查验收未能通过，刘某受到党纪处分。2018年11月，因涉嫌严重违纪违法，刘某接受纪律审查和监察调查。

解析

依据《中国共产党纪律处分条例》第七十四条"不履行全面从严治党主体责任、监督责任或者履行全面从严治党主体责任、监督责任不力，给党组织造成严重损害或者严重不良影响"的规定，刘某的行为违反了政治纪律。

刘某对主体责任认识不清，对"第一责任人"责任落实不力，暴露出他政治站位不高、政治敏感性不强的问题。作为党委书记，刘某不仅放松了对自己的要求，还带坏了班子、带散了队伍、败坏了风气，影响了企业的健康经营和发展，教训极为深刻。

清风提示

主体责任和监督责任是全面从严治党的一体两面。主体责任是前提，监督责任是保障，两者相互作用、有机统一。强调主体责任，在于加强党对一切工作的领导，党委（党组）书记要认真履行"第一责任人"责任，管好自己、管好班子、带好队伍，种好自己的责任田；强调监督责任，在于发挥"探头"作用，对领导不力、不抓不管的行为就要追究责任，推动党组织和党员领导干部切实把责任扛起来，切实把管党治党的各项要求落到实处。

《党委（党组）落实全面从严治党主体责任规定》

(八)"形象工程"丢形象

某县委书记潘某,政绩观扭曲,罔顾该县每年财政收入不足10亿元的实际,盲目投资2亿多元打造占地面积5900平方米、总建筑面积6万平方米、楼高99.9米、共24层的"天下第一水司楼"等"形象工程""政绩工程",致使地方欠下巨额债务。

> **解析**
>
> 依据《中国共产党纪律处分条例》第五十七条"党员领导干部政绩观错位,违背新发展理念、背离高质量发展要求,给党、国家和人民利益造成较大损失""搞劳民伤财的'形象工程''政绩工程'"的规定,潘某的行为违反了政治纪律。

2023年新修订的《中国共产党纪律处分条例》,将搞劳民伤财的"形象工程""政绩工程"行为由违反群众纪律调整到违反政治纪律,作为领导干部政绩观错位从重或加重处分的情形列出,体现了党中央对其政治危害性的深刻认识。近些年来,有的领导干部在"不怕群众不满意,就怕领导不注意"的错误政绩观下,热衷于打造领导"可

视范围"内的项目工程，急功近利、举债蛮干、劳民伤财，导致了"前任政绩后任债""一任政绩几任包袱"的结果，严重损害党的形象和党群关系，必须从严明政治纪律和政治规矩的高度坚决纠治。

> **清风提示**
>
> 党员干部必须树立正确的政绩观，把为民造福作为最重要的政绩，在为民动真情、出实招、真谋利方面下真功夫，始终像焦裕禄、杨善洲等优秀党员干部一样，一辈子牢记初心使命，一辈子为民谋利，做到为官一任、造福一方。

（九）吃党的饭岂能砸党的锅

某高校一名党员教师公派到国外留学期间，受到西方敌对势力的煽动和影响。回国后，在境外敌对势力怂恿和资助下，成立了"某国际发展联合会"，自任会长，制定了

> **解析**
>
> 依据《中国共产党纪律处分条例》第六十五条"组织、参加旨在反对党的领导、反对社会主义制度或者敌视政府等组织"的规定，该党员教师的行为违反了政治纪律。

反动政治纲领，还通过学术研究、慈善捐款等方式，大肆组织反党反社会主义活动。

该党员教师受国家公派到国外深造，非但不懂感谢组织，还站在党和国家的对立面，与境外反动势力相互勾结，损害党和国家的利益，在大是大非面前毫无立场，丧失党性原则，是典型的"既吃党的饭，又砸党的锅"。

> **清风提示**
>
> 以言论自由、学术自由为借口，在课堂上或学术研究中质疑党的大政方针及决策部署，甚至公开宣扬反动言论，是严重违反政治纪律的行为。学术研究无禁区，课堂讲堂有纪律。在教育教学和学术研究中，决不能触碰政治纪律的"红线"。

《中共中央 国务院关于全面深化新时代教师队伍建设改革的意见》

（十）攀靠山山会倒，搭天线线会断

某省农村信用社联合社原党委书记蒋某某为达到自己个人升迁目的，甘愿成为某省委原常委、秘书长曹某某的"马前卒"和"利益代言人"，一切以曹某某的需要为需要，凡是曹某某提出的要求，他都不折不扣地落实。2011年，蒋某某在曹某某的"关心"和"帮助"下，被提拔为某省农信社党委书记。之后，他对曹某某多次安排的承揽工程建设、干部任用、职工招录等事项唯命是从。在曹某某落马后，蒋某某也因自身违纪违法问题被查处。

> **解析**
> 依据《中国共产党纪律处分条例》第五十四条"在党内搞团团伙伙、结党营私、拉帮结派、政治攀附、培植个人势力等非组织活动，或者通过搞利益交换、为自己营造声势等活动捞取政治资本"的规定，蒋某某的行为违反了政治纪律。

作为一名党员领导干部，蒋某某为了自己的仕途，将手中的权力用来为曹某某"无条件"服务，"人身依附

式""主仆式"的官场陋习成了他顺利晋升的"法宝"。蒋某某一心想抄近路,将自己的前途命运寄托在曹某某身上,最终失去自我,在错误的道路上越走越远。攀得了一时之"利"、附得了一时之"荣",最终必将受到党纪国法的严惩,付出惨重代价,落得身败名裂的下场。

清风提示

　　一个人想成长、追求进步无可非议,但不能心浮气躁,走"捷径"、抄"近道",看似有利可图,实则是穷途末路;也许一时风光,终是黄粱一梦。党员干部要加强党性修养,提高思想觉悟和道德水平,正确对待个人成长进步,用理想信念、职业操守、纪律要求把稳人生之舵。要相信组织、依靠组织,时刻自重自省自警自励,老老实实做人,踏踏实实干事,清清白白为官,把心思和精力放在工作上,用实干、实效、实绩证明自己、成就自己。

《从变心到变节到变质》

五、严守政治纪律的"硬核"要求

《中国共产党纪律处分条例》明确了政治纪律的"红线",我们既要远离"红线",还要朝着强化政治意识、党员身份意识的"高线"努力,自觉在思想上政治上行动上同党中央保持高度一致,把坚定拥护"两个确立"、坚决做到"两个维护"体现在工作、生活的细节之中。

（一）坚决做到"两个维护"

"两个维护"的内涵是特定的、统一的,是党和国家前途命运所系,是全国各族人民根本利益所在。讲政治是具体的,做到"两个维护"要体现在坚决贯彻党中央决策部署的行动上,体现在履职尽责、做好本职工作的实效上,体现在党员、干部的日常言行上。

做到"两个维护",从根本上讲就是要做到对党绝对忠诚。对党组织、党的理论和路线方针政策,既要有高度的理性认同、情感认同,又要有坚决的维护定力和能力。提高政治定力和政治能力,要靠学习,更要靠政治历练和实践锻炼,当严峻形势和斗争任务摆在面前时,骨头要硬,要敢于出击,敢战能胜。

党员干部要经常从知行合一的角度审视自己、要求自己。真正树立起政治标杆，以高度的政治自觉、思想自觉、行动自觉始终做"两个维护"的忠诚践行者，把坚决做到"两个维护"内化于心、外化于行，在重大原则问题和大是大非面前头脑清醒、立场坚定、旗帜鲜明，敢于坚决同各种违背原则、违反党纪国法、损害党中央权威的现象作斗争。

> 事在四方，要在中央。坚持和加强党的全面领导，最重要的是坚决维护党中央权威和集中统一领导；坚决维护党中央权威和集中统一领导，最关键的是坚决维护习近平总书记党中央的核心、全党的核心地位。要教育引导党员干部从历史和现实、理论和实践、国内和国际的结合上深刻认识、强化认同，不断增强拥护核心、跟随核心、捍卫核心的思想自觉政治自觉行动自觉，始终同以习近平同志为核心的党中央保持高度一致，做到党中央提倡的坚决响应、党中央决定的坚决执行、党中央禁止的坚决不做。
>
> ——《中共中央关于加强党的政治建设的意见》

《纪律条例印心上》
（白族大本曲）

（二）坚定理想信念

理想信念是共产党人精神上的"钙"，没有理想信念或理想信念不坚定，精神上就会"缺钙"，就会得"软骨病"。对马克思主义的信仰，对社会主义和共产主义的信念，是共产党人的政治灵魂，是共产党人经受住任何考验的精神支柱。只有理想信念坚定的人，才能始终不渝、百折不挠，不论风吹雨打，不怕千难万险，坚定不移为实现既定目标而奋斗。

不断提高马克思主义看家本领。马克思主义始终是我们认识世界、改造世界的强大思想武器，要系统掌握马克思主义的立场、观点、方法，掌握人类社会发展规律、社会主义

建设规律、共产党执政规律,掌握辩证唯物主义和历史唯物主义,掌握科学思维方式,坚持学而信、学而思、学而行,把学习成果转化为不可撼动的理想信念,转化为正确的世界观、人生观、价值观,用理想之光照亮奋斗之路,用信仰之力开创美好未来。

坚持用科学理论武装头脑。真学真懂真信真用,学懂弄通做实习近平新时代中国特色社会主义思想。要把学习贯彻党的创新理论同学习马克思主义基本原理贯通起来,同学习党史、新中国史、改革开放史、社会主义发展史、中华民族发展史结合起来,同新时代我们进行伟大斗争、建设伟大工程、推进伟大事业、实现伟大梦想的丰富实践联系起来,推动学习贯彻往深里走往心里走往实里走,做到学思用贯通,知信行统一。常思"为什么入党""入党后要做什么""入党后该怎样做",增强党的意识、党员意识、宗旨意识,坚守真理、坚守正道、坚守原则、坚守规矩,自重、自省、自警、自励,清白做人,永葆本色,做到以信念、人格、实干立身。

《彝族古训·初心篇》

> 坚定的理想信念，必须建立在对马克思主义的深刻理解之上，建立在对历史规律的深刻把握之上。全党要深入学习马克思列宁主义、毛泽东思想、邓小平理论、"三个代表"重要思想、科学发展观，深入学习党的十八大以来党中央治国理政新理念新思想新战略，不断提高马克思主义思想觉悟和理论水平，保持对远大理想和奋斗目标的清醒认知和执着追求。
>
> ——《十八大以来重要文献选编（下）》，中央文献出版社2018年版，第348页

（三）坚决维护党的团结统一

自觉维护党的团结统一，是党在长期革命和建设中形成的优良传统，是党开展工作的一面鲜明旗帜。要治理好我们这样的大党大国，就要维护党的团结统一，确保全党统一意志、统一行动、步调一致前进。

树立大局观念、全局意识，坚持五湖四海，形成"一盘棋"思想，建立清清爽爽、干干净净的同志关系，决不搞"小集团""小帮派""小圈子"，追求全党上下步调一致的"大团结""真团结"。

在党言党、在党为党，任何时间、任何场合、任何渠道，都要规范自己的言论和举止，决不道听途说、信口开河、说三道四。坚守正道，既不制造或散布政治谣言，也不轻信或传播政治谣言，自觉维护党内团结统一。坚决维护党的利益和形象，挺起腰杆，理直气壮地同诋毁党的形象的一切言行作斗争，决不让一切有损党和国家利益和形象的行为得逞。

培养积极的团结精神，营造团结共事的良好氛围。实际工作中要团结一切可以团结的力量，调动一切可以调动的积极因素，同心协力、扬长避短、优势互补、相互包容，为党的事业想在一起、干在一起，不断把党的事业推向前进。

（四）严肃党内政治生活

严肃认真的党内政治生活，是我们党坚持党的性质和宗旨、保持先进性和纯洁性的重要法宝，是解决党内矛盾和问题的"金钥匙"，是广大党员、干部锤炼党性的"大熔炉"。要增强和规范党内政治生活的政治性、时代性、原则性、战斗性，努力在全党造成一个又有集中又有民主、又有纪律又有自由、又有统一意志又有个人心情舒畅、生动活泼的政治局面。

《中国共产党章程》是全党必须遵循的总章程，是全党必须共同遵守的根本行为规范，《关于新形势下党内政治生活的若干准则》是党章规定的具体化。各级党组织和全体党员要牢固树立党章意识，自觉学习党章、遵守党章、贯彻党章、维护党章，要把若干准则要求作为行动指南，做到时刻遵守、自觉践行，在党内政治生活中经常接受"政治体检"，增强"政治免疫力"。

> 每个党员，不论职务高低，都必须编入党的一个支部、小组或其他特定组织，参加党的组织生活，接受党内外群众的监督。
> ——《中国共产党章程》

党的组织生活是党内政治生活的重要内容和载体，是党组织对党员进行教育管理监督的重要形式。党员过党的组织生活时，态度要认真，思想要重视，程序要规范，做到讲政治、讲原则、讲规矩。认真开展批评与自我批评，积极探索"三会一课"有效形式，利用好网站、微博、微信等新媒体及其他现代信息技术手段，使党内政治生活更富有时代气息，更有质量，更有效果。

> 严肃党内政治生活是全面从严治党的基础。党要管党,首先要从党内政治生活管起;从严治党,首先要从党内政治生活严起。我们要加强和规范党内政治生活,严肃党的政治纪律和政治规矩,增强党内政治生活的政治性、时代性、原则性、战斗性,全面净化党内政治生态。全党同志要增强政治意识、大局意识、核心意识、看齐意识,切实做到对党忠诚、为党分忧、为党担责、为党尽责。
>
> ——《十八大以来重要文献选编(下)》,中央文献出版社2018年版,第355—356页

(五)营造风清气正的政治生态

营造风清气正的政治生态,人人是环境,个个是因子。每名党员干部都应当以身作则,认真履行党员的责任和义务,积极发挥先锋模范作用,自觉为营造风清气正的政治生态履职尽责、作出贡献。

做党内政治文化的建设者,建设正气充盈的党内政治文化。党员干部要在学习革命历史、接受革命传统教育、汲取革命精神的过程中,在中华优秀传统文化、革命文化、社会主义先进文化的滋养过程中,继承发扬党的优良

传统作风，不断传承红色文化基因；要在干净做人、踏实做事、清白做官的过程中，自觉塑造忠诚老实、公道正派、实事求是、清正廉洁等价值观；要在锤炼品性、锻炼能力、提升修养的过程中，带头践行社会主义核心价值观，使党所倡导的价值理念和价值追求，自觉转化为党员干部的思想认同和行为遵循，不断培厚良好政治生态的土壤。

做引领党风政风的示范者。党员领导干部是政治生态的"风向标"。各级党组织要树立鲜明的选人用人导向，坚持把政治标准放在首位，深入考察干部政治忠诚、政治定力、政治担当、政治能力、政治自律等方面的情况，不断完善选人用人机制，把好干部选出来、用起来，大力整治选人用人不正之风，扎紧织密严把选人政治关的制度笼子。党员干部要树立正确的权力观、政绩观、利益观，把好用权"方向盘"，系好廉洁"安全带"，向先进学习，向榜样看齐，以身作则，廉洁自律，当好表率，积极作为，发挥好带头示范作用，以模范行为引领党风政风。

做推进党内监督的担当者。落实全面从严治党，各级领导干部既是管理者、治理者，又是被管理者、被治理者，这就要求党员领导干部，一方面必须切实履行党内监督的主体责任，把党章党规党纪挺起来、立起来、严起来，管好亲属和身边工作人员，敢抓敢管，勇于监督；另一方面必须增强自我革命的勇气，把接受监督变成一种自觉，自觉接受党组织、人民群众和社会舆论的监督，习惯在受监督和约束的环境中工作生活，推动积极开展监督、主动接受监督成为全党自觉行动。

> 政治生态好，人心就顺、正气就足；政治生态不好，就会人心涣散、弊病丛生。当前，有的地方和部门正气不彰、邪气不祛；"明规矩"名存实亡，"潜规则"大行其道；求真务实、埋头苦干的受到排挤，好大喜功、急功近利的如鱼得水。这种风气不纠正、不扭转，对干部队伍杀伤力很大。"浇风易渐，淳化难归。"净化政治生态同修复自然生态一样，绝非一朝一夕之功，需要综合施策、协同推进。
>
> ——习近平总书记在十八届中央纪委六次全会上的讲话（2016年1月12日）

第二章　党的组织纪律知与行

党的力量来自组织，组织能使力量倍增。一百多年来，我们党栉风沐雨、历经坎坷，不断从胜利走向胜利，发展成为世界第一大执政党，组织严密和纪律严明就是极其重要的保证。习近平总书记一再强调："要切实执行组织纪律，不能搞特殊、有例外，各级党组织要敢抓敢管，使纪律真正成为带电的高压线。"各级党组织和全体党员必须毫无例外地把自己置身于党的组织之下，自觉接受组织安排和纪律约束，自觉维护党的团结统一。

《中国共产党纪律处分条例》
对违反组织纪律行为的处分

一、什么是组织纪律

党的组织纪律,是规范和处理党的各级组织之间、党组织与党员之间,以及党员与党员之间关系的行为准则,是维护党的集中统一,保持党的组织力、凝聚力、战斗力的重要保证。

二、为什么要严守组织纪律

组织严密和纪律严明是党的优良传统和政治优势,也是党的力量所在。我们党的组织体系极其严密,这是世界上任何其他政党都不具有的强大优势;我们党的组织纪律十分严明,这是马克思主义政党区别于其他政党的重要标志。党面临的形势越复杂、肩负的任务越艰巨,就越要加强纪律建设,特别要增强全党的组织纪律性,确保全党统一意志、统一行动,步调一致地把党和人民的事业不断推向前进。

严守组织纪律,是我们党不断成长壮大的根本保证。一百多年来,我们党的人数由少到多、党的组织由小到大、党的执政能力由弱到强,在中国革命、建设、改革各个历史时期作出一个又一个的正确抉择,战胜一次又一次的困难挑战，创造一波又一波的伟大奇迹，不断从胜利走向胜利，靠的就是组织严密和纪律严明。历史和实践证明，党员队伍的党性意识强、组织观念强、组织纪律强，党的事业就生机盎然、蓬勃发展。

严守组织纪律，是我们党保持团结统一的必然要求。"群力谁能御，齐心石可穿。"我们这么大的党，这么多党组织和党员，如果都自行其是、自由散漫、自作主张，那是要散掉的。一个时期以来，一些党员干部目无组织纪律，跟组织讨价还价，试图凌驾于组织之上，或者游离于组织之外，组织纪律松弛已经成为党的一大忧患。只有把组织纪律严起来，才能避免陷入一盘散沙的危险，党才更有力量。面对新形势新任务新挑战，持续加强全党的组织纪律性，是一个永恒的课题。

严守组织纪律，是各级党组织和全体党员必须执行的硬性尺度。一个松松垮垮、稀稀拉拉的组织是不能干成事也干不成事的，一个想来就来、想走就走的党员迟早是要出问题的。只有各级党组织和每个党员都不断增强组织观念，按照组织纪律的要求维护组织原则、执行组织决定、遵循组织程序，多向组织报告，多听组织意见，多为组织着想，做到思想上认同组织、政治上依靠组织、工作上服从组织、情感上信赖组织、行动上捍卫组织，才能把党建设得更加坚强有力,才能担负起新时代赋予共产党人的历史使命。

三、组织纪律负面清单

★ 9个方面　★ 31条负面清单

《中国共产党纪律处分条例》为党组织和党员划定了组织纪律的"高压线",主要划分为9个方面31条负面清单。

第一方面

违反民主集中制原则

1. 拒不执行或者擅自改变党组织作出的重大决定。
2. 违反议事规则,个人或者少数人决定重大问题。

"一致"通过

党是根据自己的纲领和章程，按照民主集中制组织起来的统一整体。党的民主集中制的基本原则是：

（一）党员个人服从党的组织，少数服从多数，下级组织服从上级组织，全党各个组织和全体党员服从党的全国代表大会和中央委员会。

（二）党的各级领导机关，除它们派出的代表机关和在非党组织中的党组外，都由选举产生。

（三）党的最高领导机关，是党的全国代表大会和它所产生的中央委员会。党的地方各级领导机关，是党的地方各级代表大会和它们所产生的委员会。党的各级委员会向同级的代表大会负责并报告工作。

（四）党的上级组织要经常听取下级组织和党员群众的意见，及时解决他们提出的问题。党的下级组织既要向上级组织请示和报告工作，又要独立负责地解决自己职责范围内的问题。上下级组织之间要互通情报、互相支持和互相监督。党的各级组织要按规定实行党务公开，使党员对党内事务有更多的了解和参与。

（五）党的各级委员会实行集体领导和个人分工负责相结合的制度。凡属重大问题都要按照集体领导、民主集中、个别酝酿、会议决定的原则，由党的委员会集体讨论，作出决定；委员会成员要根据集体的决定和分工，切实履行自己的职责。

（六）党禁止任何形式的个人崇拜。要保证党的领导人的活动处于党和人民的监督之下，同时维护一切代表党和人民利益的领导人的威信。

——《中国共产党章程》

3. 故意规避集体决策，决定重大事项、重要干部任免、重要项目安排和大额资金使用。

4. 借集体决策名义集体违规。

我们都同意分

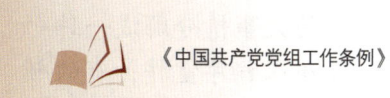

《中国共产党党组工作条例》

第二方面

不落实组织决定

5. 拒不执行、擅自改变上级党组织决定。
6. 拒不执行组织人事决定。

变味的执行

有的个人主义、自由主义严重,目无组织纪律,跟组织讨价还价,不服从组织安排;有的党组织和领导干部在处理一些应该由中央和上级组织统一决定的重要问题时,事前不请示、事后不报告,搞先斩后奏、边斩边奏,甚至斩而不奏;有的变着法儿把一件完整的需要汇报的大事情分解成一件一件可以不汇报的小事项,让组织程序空转;有的领导班子既有民主不够、个人说了算的问题,也有集中不够的问题,班子里各自为政,把分管领域当成

"私人领地",互不买账,互不服气,内耗严重;有的只对领导个人负责而不对组织负责,把上下级关系搞成人身依附关系;有的办事不靠组织而靠熟人、靠关系,形形色色的关系网越织越密,方方面面的潜规则越用越灵;有的党组织对党员、干部疏于管理,缺乏严肃认真的组织生活,等等。组织纪律松弛已经成为党的一大忧患。组织观念、组织程序、组织纪律都要严起来。不严起来,就是一盘散沙。

——《十八大以来重要文献选编(上)》,中央文献出版社2014年版,第765页

第三方面

不按规定说明和报告

7. 党员拒绝作证或者故意提供虚假情况。

8. 瞒报个人有关事项。

"财"不外露

9. 不如实向组织说明问题。

冰山一角

10. 不按要求报告、不如实报告个人去向。

11. 不如实填报或者篡改、伪造个人档案资料。

12. 隐瞒入党前严重错误。

"美颜"版简历

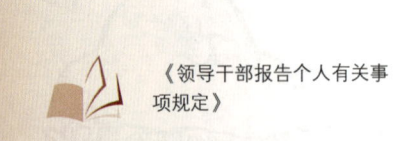
《领导干部报告个人有关事项规定》

作为干部特别是领导干部，在涉及重大问题、重要事项时按规定向组织请示报告，这是必须遵守的规矩，也是检验一名干部合格不合格的试金石。连这一点都做不到，还是一个合格的领导干部吗？领导干部要有组织观念、程序观念，该请示的必须请示，该报告的必须报告，决不能我行我素，决不能遮遮掩掩甚至隐瞒不报。请示报告不是小事，不要满不在乎，这些年来一些干部出事就出在这个上面。该请示报告的不请示报告，或者不如实请示报告，那就是违纪，那就要严肃处理，问题严重的就不能当领导干部。

——《十八大以来重要文献选编（上）》，中央文献出版社2014年版，第767—768页

党员、干部要正确对待组织，对党组织忠诚老实。在党组织面前，党员、干部不能隐瞒自己，不能信口雌黄。党员、干部之间也应该言行一致、表里如一，讲真话，讲实话，讲心里话。

——《十八大以来重要文献选编（上）》，中央文献出版社2014年版，第769页

第四方面

搞非组织活动

13. 违规组织、参加乡友会。

14. 搞拉票、助选，干扰选举活动。

"香饽饽"

投"桃"报"李"

> 党内选举必须体现选举人意志，规范和完善选举制度规则。党的任何组织和个人不得以任何方式妨碍选举人依照规定自主行使选举权，坚决反对和防止侵犯党员选举权和被选举权的现象，坚决防止和查处拉票贿选等行为。
>
> ——《关于新形势下党内政治生活的若干准则》

> 领导干部不得参加自发成立（未经民政部门登记注册）的老乡、校友、战友之间的各种联谊会之类的组织，不得担当这类联谊会的发起人和组织者，不得在这类联谊会中担任相应职务……也不得借机编织"关系网"，搞亲亲疏疏，团团伙伙，更不得有"结盟"、"金兰结义"等行为。
>
> ——《关于领导干部不得参加自发成立的"老乡会"、"校友会"、"战友会"组织的通知》

第五方面

违规选任干部

15. 违规选人用人，用人失察失误。

"孜孜以求"

16. 在推进领导干部能上能下工作中搞好人主义。

一个萝卜一个坑

坚决禁止跑官要官、买官卖官、拉票贿选等行为，坚决禁止向党伸手要职务、要名誉、要待遇行为，坚决禁止向党组织讨价还价、不服从组织决定的行为。坚决纠正唯票、唯分、唯生产总值、唯年龄等取人偏向，坚决克服由少数人在少数人中选人的倾向。领导干部要带头执行党的干部政策，不准任人唯亲、搞亲亲疏疏，不准封官许愿、跑风漏气、收买人心，不准个人为干部提拔任用打招呼、递条子。领导干部不得干预曾经工作生活过的地方、曾经工作过的单位和不属于自己分管领域的干部选拔任用工作，有关地方和单位党组织要抵制这种违反党的组织原则的行为。

——《关于新形势下党内政治生活的若干准则》

第六方面

违规谋取人事利益

17. 在干部、职工的录用、考核、职务职级晋升、职称评聘、荣誉表彰，授予学术称号和征兵、安置退役军人等工作中，隐瞒、歪曲事实真相，或者利用职权或者职务上的影响违反有关规定为本人或者其他人谋取利益。

18. 弄虚作假，骗取职务、职级、职称、待遇、资格、学历、学位、荣誉、称号或者其他利益。

第七方面

侵犯党员权利

19. 侵犯党员的表决权、选举权和被选举权。

20. 以强迫、威胁、欺骗、拉拢等手段，妨害党员自主行使表决权、选举权和被选举权。

"棍棒"伺候

21．对批评、检举、控告进行阻挠、压制，或者将批评、检举、控告材料私自扣压、销毁，或者故意将其泄露给他人。

22．对党员的申辩、辩护、作证等进行压制。

23．压制党员申诉，或者不按照有关规定处理党员申诉。

24．对批评人、检举人、控告人、证人及其他人员打击报复。

谁举报的？

必须尊重党员主体地位、保障党员民主权利，落实党员知情权、参与权、选举权、监督权，保障全体党员平等享有党章规定的党员权利、履行党章规定的党员义务，坚持党内民主平等的同志关系，党内一律称同志。任何党组织和党员不得侵害党员民主权利。

　　党员有权向党负责地揭发、检举党的任何组织和任何党员违纪违法的事实，提倡实名举报。党员有权在党的会议上有根据地批评党的任何组织和任何党员。党组织既要严肃处理对举报者的歧视、刁难、压制行为特别是打击报复行为，又要严肃追查处理诬告陷害行为。对受到诽谤、诬告、严重失实举报的党员，党组织要及时为其澄清和正名。要保障党员申辩、申诉等权利。对执纪中的过错或违纪行为，要依规及时纠正、消除影响并追究有关组织和人员的责任。

——《关于新形势下党内政治生活的若干准则》

第八方面

违规发展党员

25. 采取弄虚作假或者其他手段把不符合党员条件的人发展为党员，或者为非党员出具党员身份证明。

一步到位

26. 违反有关规定程序发展党员。

> 发展党员工作应当贯彻党的基本理论、基本路线、基本纲领、基本经验、基本要求，按照控制总量、优化结构、提高质量、发挥作用的总要求，坚持党章规定的党员标准，始终把政治标准放在首位；坚持慎重发展、均衡发展，有领导、有计划地进行；坚持入党自愿原则和个别吸收原则，成熟一个，发展一个。禁止突击发展，反对"关门主义"。
>
> ——《中国共产党发展党员工作细则》

> 要严把发展党员入口关,把政治标准放在首位,对那些政治上不合格、想混入党内捞好处的人,一个都不能要。
>
> ——《十九大以来重要文献选编(上)》,中央文献出版社2019年版,第561页

第九方面

违反出国(境)管理规定

27. 违规取得外国国籍、国(境)外居留资格。

"双卡"双待

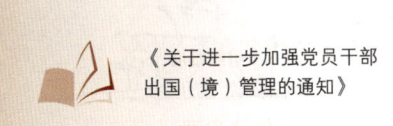

《关于进一步加强党员干部出国(境)管理的通知》

28. 违规办理因私出国（境）证件、前往港澳通行证，未经批准出入国（边）境。

知识延伸

"因私出国（境）证件"，主要包括因私普通护照、内地居民往来港澳通行证、大陆居民往来台湾通行证等。

"前往港澳通行证"，俗称"单程证"，一般是指由国家有关部门向申请前往港澳地区定居的内地公民签发的证件。

党员干部经过批准，履行相关程序申请办理因私出国（境）证件过程中和办妥相关证件后，必须向党组织如实报告。

29. 在国（境）外擅自脱离组织，违规联络国（境）外机构、人员。

放飞自我

30. 在国（境）外出走，帮助在国（境）外出走。

与"狼"共舞

31. 故意为他人脱离组织出走提供方便条件。

断线的风筝

有的领导干部不知哪来的神通，办了好几个身份证，违规办了因私护照甚至持有外国绿卡，有的有几本港澳通行证，有的把老婆孩子都送到国外去了，根本没给组织上说一声，没把组织当回事！这些都要查，查出来就要处理，不搞下不为例。领导干部独来独往、天马行空，迟早会出问题。

——《习近平关于严明党的纪律和规矩论述摘编》，中央文献出版社、中国方正出版社2016年版，第42页

知识延伸

"脱离组织"，主要指脱离驻外机构或者临时出国（境）的团（组）。

"出走"，主要指未经组织批准，私自外出不归或者超过规定期限滞留国（境）外不归。

"提供方便条件"，主要指故意为脱离组织出走人员提供有利条件和帮助，如为其开具证明、代办护照签证、代购机票船票及提供经济帮助、接应场地、相关信息等。

四、违反组织纪律行为剖析

任何党员，如果目无组织，试图凌驾于组织之上，或者游离于组织之外，甚至背叛组织，迟早都是要出问题的。为强化组织意识，我们对违反组织纪律的典型情形和突出问题进行剖析，通过真实、直观、生动的案例，为各级党组织和全体党员提供一面镜子。

（一）独断专权手难遮天

某广电网络集团原党委书记、董事长王某某把集团当成自己的"独立王国"，在党委会上经常搞"一言堂"。他多次不顾班子成员的反对，喊出了"用副业养主业"的口号，个人决定成立广电地产公司，把集团大部分资金投入该地产项目，造成主营业务资金短缺，负债率飙升至71%。"三重一大"集体决策制度、企业内部监督制度对王某某来说形同虚设。为了达到个人目的，他对班子成员发表的反对意见进行篡改，指使办公室人员更改党委会记录。

解析

依据《中国共产党纪律处分条例》第七十七条"违反议事规则，个人或者少数人决定重大问题"的规定，王某某的行为违反了党的组织纪律。

王某某作为党委书记，把国有企业当"家业"，把下属当"随从"，逢事先定调、个人说了算，是违反民主集中制原则的典型表现，暴露出缺乏组织意识、民主意识、纪律意识等严重问题。党员领导干部只讲集中不讲民主的结果，常常导致决策掺杂私心杂念，缺乏民主和科学，极易对党和人民的事业造成负面影响。

清风提示

现实中，像王某某一样奉行"决策一言堂，用人一句话，花钱一支笔"的现象并不少见，比如党员领导干部中有的常把"我先说说我的意见"挂在嘴边，有的常把"我是领导我说了算"当作习惯，有的常把"我的地盘我作主"作为信条。这些搞个人专制主义的错误做法，本质上是目无组织、目无纪律，才把党和人民赋予的权力视为捞取个人好处的工具，背离了忠诚于党和服务人民的誓言。任何党员尤其是党员领导干部，必须坚决维护民主集中制原则，集思广益，科学决策，决不允许我行我素，独断专行。

《贪欲之殇》

 (二)以集体的名义违规导致集体受罚

在某单位的领导班子会上,"一把手"刘某建议,从工作经费中拿出一部分,以每人800元的标准给单位员工发放加班补贴,参与讨论决策的领导班子成员都表示同意,并都领到了"辛苦费"。尝到"利益均沾"的甜头后,该领导班子继续巧立名目发放各种福利补贴,共计35万余元。纪委工作人员谈话时,他们都异口同声说:"这是我们班子成员一起商量决定的。"经查实后,对参与决策的相关人员作出了纪律处分,并收缴了违规发放的福利补贴。

> **解析**
>
> 依据《中国共产党纪律处分条例》第七十七条"借集体决策名义集体违规"的规定,刘某等人的行为违反了党的组织纪律。

该领导班子的行为虽然符合集体议事规则和决策程序,但属于集体违规决策。把集体决策程序当作违规的手段和幌子,戴上了"众人决议""集体研究""民主协商"的面具,实际上是对"民主"和"集中"的歪曲,破坏了民主集中制原则。集体违规背后隐藏的是"法不责众"的侥幸心理,带来的直接后果是步步失陷,最终导致不正之风盛行、歪风邪气上升,必须揭开集体名义的面纱,坚决杜绝集体违规的行为。

清风提示

借集体名义集体违规的情形并不少见,如一些领导班子成员擅长"通力合作",想方设法让公款进入私人腰包;有的以"集体研究"之名挪用、侵占各种专项资金,违规发放津贴补贴、奖金或福利待遇等;有的明知集体违规不对,但屈服于"枪打出头鸟"的压力,或顾虑"提不同意见伤感情和影响团结",不敢、不愿进行抵制,致使一些错误意见"名正言顺"地通过程序。如果不在意、不制止、不严惩,就会导致上梁不正下梁歪的模仿效应,甚至影响到一个单位、一个地方的政治生态,必须严惩处,以案促改,从源头上杜绝。

《集体违规决策怎样问责》

(三)组织决定岂容挑肥拣瘦

某县委老干部局决定把党员胡某从A村调整到挂钩帮扶的B村,担任驻村扶贫工作队员。但是,胡某以自己能力不够、照顾家人不便为托辞,拒绝执行组织决定。其行为对全县全面推进乡村振兴、巩固拓展脱贫攻坚成果造成了恶劣影响,最终受到党纪处分。

> **解析**
> 依据《中国共产党纪律处分条例》第七十九条"拒不执行党组织的分配、调动、交流等决定"的规定,胡某的行为违反了党的组织纪律。

胡某的行为是不服从组织安排的典型表现。身为党员,组织纪律就是铁律,必须执行,不容个人作主。首先,胡某

没有按照党员标准严格要求自己，反映的是党性意识不强；其次，没有把执行党组织的决定当作义不容辞的责任和必须履行的义务，反映的是组织意识淡薄；最后，没有从全面推进乡村振兴、巩固拓展脱贫攻坚成果的高度考虑党组织的决定，而是公私不分、计较个人得失，影响了工作的顺利推进，反映的是缺乏大局意识。如果任由这种行为滋生蔓延，那么，在贯彻执行上级各项决策部署上打折扣、作选择、搞变通，也就见怪不怪了。

清风提示

实践中，个别党员干部面对正常的岗位调整、工作安排，不顾全大局，习惯于打自己的"小九九"，对组织的安排不满意，与组织讨价还价，对岗位挑三拣四，对工作挑肥拣瘦。说到底，这些想法和做法都是私心太重、党性不纯、组织纪律淡薄的表现。习近平总书记多次强调："执行党的纪律不能有任何含糊，不能让党纪党规成为'纸老虎''稻草人'，造成'破窗效应'。"党组织的决定就是命令，纪律规矩不容亵渎。每个党员都应当正确对待党组织的任何安排，无条件地、不打折扣地服从党组织的一切决定。

《服从组织决定是纪律是党性》

(四)拉票贿选的"友谊小船"说翻就翻

杨某和张某两人为竞选某社区居委会委员,邀约并组织社区群众160多人聚餐吃饭,以此动员大家在社区居委会成员候选人提名大会上为自己投票。最后,杨某和张某因拉票贿选受到党纪处分,候选人资格也被取消。

解析

依据《中国共产党纪律处分条例》第八十三条"在法律规定的投票、选举活动中违背组织原则搞非组织活动,组织、怂恿、诱使他人投票、表决"的规定,杨某和张某的行为违反了党的组织纪律。

杨某和张某拉票贿选的行为,表面上看是吃吃喝喝、发发红包、承诺许愿来拉选票、搞贿选,实则暴露的是违背组织原则、破坏民主选举的问题,既是对党员权利的损害,也是对组织纪律的破坏,还是对基层政治生态的污染,更是对我国社会主义民主政治的公然挑战,必须坚决反对和抵制,让所有在拉拢腐蚀中搭建的"友谊小船"落得"翻船"的下场。

清风提示

一段时间内，拉票贿选的手段不仅五花八门，而且更加隐蔽，严重败坏了党风政风社风。《中国共产党纪律处分条例》第八十三条规定，"搞有组织的拉票贿选，或者用公款拉票贿选的，从重或者加重处分"，释放了党中央猛药去疴、严肃执纪的强烈信号和决心意志。为了党和人民的事业健康发展，所有党员在民主选举中行使的一切权利，都不能受到私欲的污染，也不能受到私利的玷污。

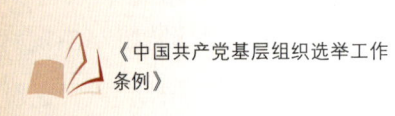

《中国共产党基层组织选举工作条例》

（五）"帽子书记"的"帽子"掉了

晏某在担任某县县委组织部部长、县长、县委书记的十年间，利用手中的权力大肆收受钱物，明目张胆地批发"官帽"，被一些干部私下称为"帽子书记"。晏某十分"仗义"，只要花钱就给发"帽子"，只要出得起高价钱，想要什么"帽子"就给什么"帽子"。据查，晏某受贿金额达500万余元，最终受到党纪处分，被判处有期徒刑14年。

> **解析**
>
> 依据《中国共产党纪律处分条例》第八十四条"在干部选拔任用工作中,有任人唯亲、排斥异己、封官许愿、说情干预、跑官要官、突击提拔或者调整干部等违反干部选拔任用规定行为"的规定,晏某的行为违反了党的组织纪律。

"帽子书记"晏某的行为扭曲了党的选人用人制度,阻碍了优秀人才的晋升,有碍于党员干部队伍整体素质的提升,甚至损害了社会公平公正,带坏了社会风气,影响了党和政府的形象声誉,是党的健康肌体上的"毒瘤",必须根除。

> **清风提示**
>
> 为政之要,惟在得人。党的干部是党的事业的骨干,是人民的公仆,用人不公、用人失察、用人有误,就会出现"劣币驱逐良币"的逆淘汰,败坏用人风气,引发人心涣散。党员领导干部选人用人,既要严格按照选人用人的制度规定,把忠诚干净担当的好干部选拔出来;还要按照纪律要求对党员干部形成刚性约束,让潜规则在明规矩面前失去生存土壤和呼吸空间。

《如何建设高素质干部队伍？习近平总书记如是说……》

（六）组织安排工作，人却不见了

某区委原常委董某带着妻儿到外省游玩，未按规定报备个人去向。在这期间，区里因突发事件召集相关负责人研究对策，董某无法及时赶到单位，以致事件处理失当，最终受到党纪处分。

> **解析**
>
> 依据《中国共产党纪律处分条例》第八十一条"不按要求报告或者不如实报告个人去向"的规定，董某的行为违反了党的组织纪律。

董某带着妻儿出游本无可非议，但他没有按照规定向组织报告个人去向的做法，是组织观念淡薄和纪律意识缺失的表现。或许有人会疑惑，和家人出游这样很正

常的事，是否有向组织报告的必要。但从组织管理的角度来说，及时如实地向组织报告个人去向，既是组织对党员进行管理的基本要求，也是党员服从组织管理的应尽义务。

> **清风提示**
>
> 不少党员同志把报告个人去向视为不以为意的小事，什么时候去哪儿干什么，都不向组织请示报告，时间一长就养成自由散漫的习惯、自作主张的派头、自行其是的作风，很多党员干部出事往往就是从这里开始的，我们要引以为戒、防微杜渐。

（七）个人事项捂着盖着终曝光

某单位副调研员苏某在填报《领导干部个人有关事项报告表》时，违反个人有关事项规定，未按要求报告其配偶投资入股情况、共同生活子女房产情况，及其本人持有股票、基金情况，严重违反领导干部报告个人有关事项规定，且情节较重，最终受到党内严重警告处分。

解析

依据《中国共产党纪律处分条例》第八十一条"违反个人有关事项报告规定,隐瞒不报"的规定,苏某的行为违反了党的组织纪律。

苏某不按规定报告个人投资、股票、基金、房产等情况的做法,是对党不忠诚、对组织不老实、对纪律不敬畏的表现,无论以什么样的办法捂着盖着,终究是要曝光的。

清风提示

按要求报告个人有关事项,是检验党员干部对党忠诚老实的"试金石"。有的干部隐瞒不报,究其原因,无外乎有三种情况:一是纪律意识和组织观念淡薄,认为"个人情况这样的私事没有报告的必要";二是做贼心虚,知道自己犯了毛病、有了问题,不敢报告就干脆不报;三是为掩盖违纪违法事实,胡编乱造、混淆虚实、避重就轻。作为党员干部,个人事项报告决不仅仅是个人的私事,而是关乎党的干部队伍建设、关乎党和国家事业发展的大事,每个党员都必须认真对待。

(八)"萝卜招聘"坑了别人,也坑了自己

某有色地质局原党委书记、局长郭某某在任职期间,为解决女儿男朋友李某的工作问题,以引进特殊人才的名义,将李某招录为省有色地质局在职在编的事业身份工作人员。郭某某最终受到党纪处分。

解析

依据《中国共产党纪律处分条例》第八十六条"在干部、职工的录用、考核、职务职级晋升、职称评聘、荣誉表彰,授予学术称号和征兵、安置退役军人等工作中,隐瞒、歪曲事实真相,或者利用职权或者职务上的影响违反有关规定为本人或者其他人谋取利益"的规定,郭某某的行为违反了党的组织纪律。

郭某某以"量身定做"的方式为他人谋职、为自己谋利的"萝卜招聘"做法,违反了选人用人相关规定,暗藏着权钱交易、权力寻租的腐败问题。这不仅有违公开、公平、公正的公招制度和招聘原则,还严重影响党和政府人事工作的公信力。要用组织纪律这把"铲子"填平"萝卜招聘"的坑,对"挖坑"的党员领导干部进行严肃追责,形成有效震慑。

> **清风提示**
>
> 近年来,一些单位以"萝卜招聘"方式"近亲繁殖",花样不断翻新,形式更加隐蔽,这破坏了党的选人用人制度,必须根治。任何手中掌握选人用人权力的党员领导干部切莫任性用权,随意"划口子",而是要坚持正确的选人用人导向,切实做到严格按原则办事、按制度办事、按程序办事,把党和人民需要的好干部选出来、用起来,为实现中华民族伟大复兴的中国梦培养可靠接班人。

 《"滇金掌门"落马启示录》

五、严守组织纪律的"硬核"要求

全面从严治党永远在路上,践行党的组织纪律没有完成时。每名党员干部都必须强化党的组织观念和组织意识,自觉做到思想上认同组织、政治上依靠组织、工作上服从组织、感情上信赖组织、行动上捍卫组织,始终与党同心同德、同心同向、同力同行,努力成为严守组织纪律的模范。

（一）思想上认同组织

组织上入党一生一次，思想上入党一生一世。思想上认同组织，是全体党员的底色，是合格共产党员的基本条件。只有在思想上形成对组织的高度认同，才能在政治上、工作上、感情上、生活上转化为紧跟组织、忠诚组织的实际行动。

重温入党誓词　不忘入党初心

我志愿加入中国共产党，拥护党的纲领，遵守党的章程，履行党员义务，执行党的决定，严守党的纪律，保守党的秘密，对党忠诚，积极工作，为共产主义奋斗终身，随时准备为党和人民牺牲一切，永不叛党。

在思想上认同党员身份。认同、向往、崇尚党员身份，是成为一个合格党员的先决条件。从"我志愿加入中国共产党"起句，到"永不叛党"结语，短短80个字，时刻警醒着党员：别忘了当初志愿加入党组织的渴望，也别忘了始终忠诚于党的庄重承诺。无论在什么时候、什么地点、做什么事，首先要明白自己的第一身份是共产党员。

面对个人思想上的斗争,多为组织着想,少向组织提要求;多替组织分忧,少对组织讲条件;多给组织添彩,少给组织惹麻烦。

在思想上牢固树立组织意识。习近平总书记强调严守党的组织纪律,向组织报告,听组织意见,很多问题就不会发生。全党同志要强化组织意识,时刻想到自己是党的人,自觉履行党员的职责和义务,不管当到多大领导,多高的职位,都要有组织纪律性,从思想上防微杜渐确保不出问题。

> 全党同志要强化组织意识,时刻想到自己是党的人,是组织的一员,时刻不忘自己应尽的义务和责任,相信组织、依靠组织、服从组织,自觉接受组织安排和纪律约束,自觉维护党的团结统一。
> ——《习近平关于严明党的纪律和规矩论述摘编》,中央文献出版社、中国方正出版社2016年版,第40页

 《彝族古训·用人篇》

（二）政治上依靠组织

在革命战争年代，每个党员紧紧团结在组织周围，就能克敌制胜；在和平发展时期，每个党员依靠组织这个"靠山"，就能应对挑战。在政治上依靠组织，是党员成长成才成事的不二选择。

> 要健全和认真落实民主集中制的各项具体制度，促使全党同志按照民主集中制办事，促使各级领导干部特别是主要领导干部带头执行民主集中制。要发扬党内民主，营造民主讨论的良好氛围，鼓励讲真话、讲实话、讲心里话，允许不同意见碰撞和争论，同时善于进行正确集中，防止议而不决、决而不行。
>
> ——《十八大以来重要文献选编（上）》，中央文献出版社2014年版，第352页

坚持贯彻民主集中制，依靠组织集思广益和科学决策。党的各级组织，要善于开门纳谏、汲取众智，创建一个民主的言论氛围和工作环境，把各种分散意见中的真知灼见提炼出来，把符合事物发展规律、符合广大人民群众根本利益的正确意见集中起来，作出科学决策。严格按照民主集中

的程序实行集中。凡属重大问题，经过党的委员会民主讨论并作出决定后，任何个人或者少数人无权擅自决定。党的领导干部，应当虚心听取党内同志的看法想法、意见建议，避免以个人的偏好衡量或评判党内同志的看法，真诚地团结那些和自己意见不一致的同志一起共事，通过交流、探讨、协商等途径促成共识、凝聚共识。对已经讨论通过的决定，决不能利用手中的职权、职务的便利"划口子"。同时又要敢于担当，尤其是在发生重大事件或突发事件的时候，要主动担负起领导责任。党员个人，要正确行使发表意见建议的权利，在实事求是的基础上，在符合程序的前提下，表达对问题的真实看法，提出有建设性的对策。

坚持落实请示报告制度。个人成长经历、教育经历、工作经历、婚姻状况，本人、配偶、共同生活的子女房产、投资及购买股票、持有普通护照等情况，都要逐一如实上报，来不得半点虚假。无论何时何地，都要自觉主动地向组织说明去哪儿、和什么人在一起、干什么事情，随时与组织保持密切联系。有关重大问题、重要事项、重要工

> 请示汇报口诀：
>
> 公事如实报，
> 私事切实报；
> 小事及时报，
> 大事迅速报；
> 去向提前报，
> 动向全程报。

作开展等情况，必须及时请示报告党组织。

坚持正确对待谈话函询。党员首先要端正对谈话函询的认识，抱着严肃认真和解决问题的态度，向组织如实反映事实和说明情况。对自己的过错，要认错、认账、认处理，防止小错误演变成大祸患；对与事实有出入的问题，要向组织提供真实材料，及时纠偏。党委（党组）书记要对谈话函询材料严格把关，对班子成员的情况准确掌握，做到对干部成长负责、对本单位政治生态负责、对党及党的事业负责。

坚持执行选人用人制度。各级党组织选人用人，无论选任什么职务、用到什么岗位，都要严格按照《党政领导干部选拔任用工作条例》等规定和要求，把好选人用人的标准关、程序关、职权关。严把标准关，坚持好干部标准，始终把信念坚定、为民服务、勤政务实、敢于担当、清正廉洁当作选人用人的导向。严把程序关，从酝酿阶段、讨论阶段、考察阶段到决定阶段、任前谈话阶段，每个步骤、每一环节、每道程序都要严格按照民主集中制原则进行。严把职权关，党的各级组织和领导干部要管好用好手中的职权，在选人用人时秉公而不唯亲、公正而不说情、为官而不跑官、提拔而不突击，任何时候决不为了一己之私或小团体之利而滥用职权。

（三）工作上服从组织

工作上服从组织，是党员最基本的品质。服从，是信服而遵从，而不是盲从。我们党提倡的、要求的"服从"，是引导党员干部在认同党、依靠党的基础上自觉服从党，自愿遵从党的意志、主张和纪律。

> 必须遵循组织程序，重大问题该请示的请示，该汇报的汇报，不允许超越权限办事；必须服从组织决定，决不允许搞非组织活动，不得违背组织决定。
>
> ——习近平总书记在党的十八届六中全会第二次全体会议上的讲话（2017年1月1日），载《求是》2017年第1期

服从组织的决定。无论党龄长短、年龄大小、职务高低，任何党员对于组织的决定都必须无条件地执行，在认真领会每项命令、每项要求精神实质的基础上，不折不扣地完成党组织的命令，而不是

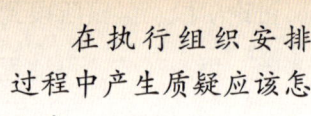
在执行组织安排过程中产生质疑应该怎么办：
按照民主程序向上级党组织如实反映情况，但在此之前必须坚决执行组织决定。

选择性地服从，也不是表面服从，更不是拒绝不从。党龄越长的党员，越要带头执行服从，无论是在任上还是退休后，都应当做服从组织的表率，决不能居功自傲，更不能把成绩和贡献当作向组织讨价还价的资本。

> 组织通过以下途径对党员进行经常性教育管理："三会一课"、组织生活会、集中轮训、收缴党费……

服从组织的教育。每个党员都有自觉接受组织教育的义务，在党组织进行政治理论教育、党章党规党纪教育、党的宗旨教育、革命传统教育、形势政策教育、知识技能教育等教育的时候，要认真对待，按照时间、地点、主题内容、活动形式等要求积极投入，并把学习教育转化为思想认同和具体实践。

服从组织的管理。党员必须按照组织管理的要求，按期参加党员大会、党小组会和上党课，并进行学习交流、汇报思想、报告工作。党员领导干部应当参加双重组织生活。党员必须认真参与组织安排的集中轮训，深入学习党的创新理论，查找解决自身存在的突出问题。党员必须主动按时交纳党费。

服从组织的监督。党员要把组织监督当作一面镜子，对组织指出的问题做到有则改之、无则加勉；把组织监督当作一种鞭策，对组织树立的优秀典型进行对比学习、追赶先进；把组织监督当作一种习惯，在他律的过程中提升自律，习惯在受约束和监督的环境中学习、工作、生活。

> 坚持"三会一课"制度。党员必须参加党员大会、党小组会和上党课，党支部要定期召开支部委员会会议。"三会一课"要突出政治学习和教育，突出党性锻炼，坚决防止表面化、形式化、娱乐化、庸俗化。领导干部要以普通党员身份参加所在党支部或党小组的组织生活，坚持党员领导干部讲党课制度。每个党员都要按规定自觉交纳党费，党费使用和管理要公开透明。
>
> 坚持民主生活会和组织生活会制度。会前要广泛听取意见、深入谈心交心，会上要认真查摆问题、深刻剖析根源、明确整改方向，会后要逐一整改落实。上级党组织领导班子成员定期、随机参加下级党组织领导班子民主生活会和组织生活会，发现问题及时纠正。
>
> ——《关于新形势下党内政治生活的若干准则》

《中国共产党党员教育管理工作条例》

（四）感情上信赖组织

信赖，比依赖多了一份理性，又比信任多了一份情怀。我们常把组织比喻为一个大家庭，就在于组织除了教育、管理、监督党员，还始终关心、爱护、帮助党员，让广大党员感受到了组织大家庭的温暖。党员同志只有在感情上更加信赖组织，才会在行动上更加自觉地维护组织。

> 党组织领导班子成员之间、班子成员和党员之间、党员和党员之间要开展经常性的谈心谈话，坦诚相见，交流思想，交换意见。领导干部要带头谈，也要接受党员、干部约谈。
> ——《关于新形势下党内政治生活的若干准则》

相信组织，常与组织交心。信赖组织，要用好谈心谈话这项制度。谈心谈话，关键是要敞开心扉，以诚相见。打开天窗说亮话，问题摆在桌面谈。在推心置腹的过程中沟通思想、增进了解、互帮互助、共同提升。

理解组织，常思组织之难。信赖组织，要建立在理解组织的基础上。尤其是在遇到挫折、受到委屈的时候，要能够信任组织、不负组织。党员要以积极的态度应对挫折,以达观的心态化解误会。应当始终相信,组织会公平公正对待每一位同志,每一位同志也应当在磨砺中培养起对党组织的真诚信赖。

感恩组织,常怀组织恩情。党组织通过教育管理、引导监督、警示批评、赞扬肯定、挂职锻炼、集中轮训等方式对党员进行悉心培养,党员也要有反哺之情,学会感恩、懂得感恩、诚心感恩,把组织的严管当作厚爱,把组织的培养当作成长进步的阶梯。

> 世界上完全不被别人误会的人是没有的,而误会迟早都是可以弄清楚的,我们应该受得起误会。
> ——刘少奇《论共产党员的修养》

(五)行动上捍卫组织

党员是党的细胞,是党的利益和党的形象的代言人。党的利益能否实现、党的形象是否良好,都有赖于党员的捍卫。捍卫组织,既要体现在增强组织观念和严守组织纪律上,还要体现在敢于同有损组织利益和形象的行为进行斗争上。

捍卫组织利益。始终捍卫党的组织利益，就是要在一切破坏组织利益的行为面前旗帜鲜明地断然拒绝。坚决与破坏组织原则和组织制度的行为作斗争，如反对和抵制违反民主集中制原则、破坏选人用人制度、违规发展党员等行为；如拒绝各种集团、商会、战友会、校友会、老乡会等的邀请；如通过合法程序维护党员正当权利等。

捍卫组织形象。面对恶意损害组织形象的言论和行为，党员要敢于"亮剑"、善于"发声"，用正面回应的方式捍卫组织的形象。通过合情合理合法的方式，纠正对事实的错误评判，消除人们的认识偏差。

第三章　党的廉洁纪律知与行

清正廉洁,是共产党人最鲜明的政治底色;拒腐防变,才能永葆共产党人的政治本色。从中国共产党诞生之日起,清正廉洁作为中国共产党人的政治操守,就始终与党为中国人民谋幸福、为中华民族谋复兴的初心和使命连接在一起。历史和现实都表明,为政清廉取信于民,秉公用权赢得人心。广大党员干部要时刻警惕、时常自省,把党的廉洁纪律记在心头上、落在行动上,老老实实做人,踏踏实实干事,清清白白为官。

《中国共产党纪律处分条例》
对违反廉洁纪律行为的处分

一、什么是廉洁纪律

党的廉洁纪律,是党的各级组织和党员干部在从事公务活动或者其他与行使职权有关的活动中应当遵守的廉洁从政、廉洁从业、廉洁用权的行为规则,是实现干部清正、政府清廉、政治清明的重要保障。

二、为什么要严守廉洁纪律

反对腐败,建设廉洁政治,是我们党一贯坚持的鲜明政治立场。党的十八大以来,以习近平同志为核心的党中央一以贯之、坚定不移推进全面从严治党,反腐败斗争取得压倒性胜利并全面巩固。但是,反腐败斗争形势依然严峻复杂,反腐败绝对不能回头、不能松懈、不能慈悲。每名党员只有严守廉洁纪律,守住廉洁底线,才能确保我们党永葆青春活力。

严守廉洁纪律,是防止党在长期执政条件下腐化变质的重要保障。我们党把党风廉政建设和反腐败斗争提高到关系党和国家生死存亡的高度来认识,是基于对历史经验的深刻总结和对共产党执政规律的深刻把握。近年来,一些国家因长期积累的矛盾导致怨声载道、社会动荡、政权垮台,其中一个重要原因就是贪污腐败盛行。历史和事实一再证明,任由腐败问题愈演愈烈,就会丧失政权、亡党亡国。只有持续保持反腐败高压态势,实现党的自我净化,营造风清气正的政治生态,才能确保国家的长治久安,党的事业健康发展。

严守廉洁纪律,是取信于民和赢得人心的必然选择。"为政清廉才能取信于民,秉公用权才能赢得人心。"中国共产党自成立以来,就把全心全意为人民服务作为根本宗旨,把清正廉洁作为自觉追求,在革命、建设和改革的伟大事业中赢得了人民群众的信赖和爱戴。严守廉洁纪律,就是要把好用权"方向盘",系好廉洁"安全带",坚持秉公用权、依法用权、为民用权,做到为党分忧、为国干事、为民谋利,才能始终成为人民群众真心拥护的"主心骨"。

严守廉洁纪律,是营造风清气正政治生态的重要保证。政治生态好,人心就顺、正气就足;政治生态不好,就会人心涣散、弊病丛生。在一些不良思想侵蚀和环境影响下,廉洁纪律松弛现象不乏存在,有的党员干部用"公家钱"理"自家财"、用"公家权"办"自家事"、用"公家物"行"自家便",破坏了单位或当地的政治生态。只有持续推动廉洁纪律深入党员内心、化为党员行动自觉，才能营造海晏河清、风清气正的政治生态。

严守廉洁纪律，是党员永葆政治本色的内在要求。共产党员永远是劳动人民的普通一员，除了法律和政策规定范围内的个人利益和工作职权以外，所有共产党员都不得谋求任何私利和特权。党员领导干部必须正确行使人民赋予的权力，坚持原则，依法办事，清正廉洁，反对任何滥用职权、谋取私利的不正之风，永葆共产党人清正廉洁的政治本色。

> 反对腐败、建设廉洁政治，保持党的肌体健康，始终是我们党一贯坚持的鲜明政治立场。
> ——《十八大以来重要文献选编（上）》，中央文献出版社2014年版，第81页

三、廉洁纪律负面清单

★ 8个方面　★ 43条负面清单

《中国共产党纪律处分条例》为党组织和党员划定了廉洁纪律的"红线"，主要划分为8个方面43条负面清单。

第一方面

利用职权或者职务上的影响谋取私利

1. 利用职权或者职务上的影响为他人谋取利益,本人的配偶、子女及其配偶等亲属和其他特定关系人收受对方财物。

上阵"父子兵"

2. 相互利用职权或者职务上的影响为对方及其配偶、子女及其配偶等亲属、身边工作人员和其他特定关系人谋取利益搞权权交易。

老爹带个长,妻儿官家养
岁岁拿俸禄,月月吃空饷

> 必须管好亲属和身边工作人员，决不允许他们擅权干政、谋取私利，不得纵容他们影响政策制定和人事安排、干预正常工作运行，不得默许他们利用特殊身份谋取非法利益。
>
> ——《十八大以来重要文献选编（中）》，中央文献出版社2016年版，第351页

3. 纵容、默许配偶、子女及其配偶等亲属、身边工作人员和其他特定关系人利用党员干部本人职权或者职务上的影响谋取私利。

4. 党员干部的配偶、子女及其配偶等亲属和其他特定关系人不实际工作而获取薪酬或者虽实际工作但领取明显超出同职级标准薪酬。

> 禁止利用职权或影响力为家属亲友谋求特殊照顾，禁止领导干部家属亲友插手领导干部职权范围内的工作、插手人事安排。各级领导班子和领导干部对来自领导干部家属亲友的违规干预行为要坚决抵制，并将有关情况报告党组织。
>
> ——《关于新形势下党内政治生活的若干准则》

5. 利用职权或者职务上的影响，为配偶、子女及其配偶等亲属和其他特定关系人在审批监管、资源开发、金

融信贷、大宗采购、土地使用权出让、房地产开发、工程招投标以及公共财政收支等方面谋取利益,或者在吸收存款、推销金融产品、经营名贵特产类特殊资源等方面提供帮助谋取利益。

上不了台面的交易

> 鱼和熊掌不可兼得,当官就不要发财,发财就不要当官,这是两股道上跑的车。对领导干部配偶和子女等经商办企业,党纪国法都有明确规定,问题是没有落实好。对领导干部,要求就是要严一些,正所谓"其身正,不令而行;其身不正,虽令不从"。
>
> ——《习近平关于严明党的纪律和规矩论述摘编》,中央文献出版社、中国方正出版社2016年版,第103页

第二方面

违规收送财物及接受宴请和活动安排

6. 收受可能影响公正执行公务的礼品、礼金、消费卡（券）和有价证券、股权、其他金融产品以及其他明显超出正常礼尚往来的财物。

7. 向从事公务的人员及其配偶、子女及其配偶等亲属和其他特定关系人赠送明显超出正常礼尚往来的礼品、礼金、消费卡（券）和有价证券、股权、其他金融产品等财物。

一点"小"心意

8. 以讲课费、课题费、咨询费等名义变相送礼。

9. 借用管理和服务对象的钱款、住房、车辆等，可能影响公正执行公务。

"换车"

10. 利用职权或者职务上的影响操办婚丧喜庆事宜，造成不良影响或者借机敛财，有其他侵犯国家、集体和人民利益的行为。

变味的喜宴

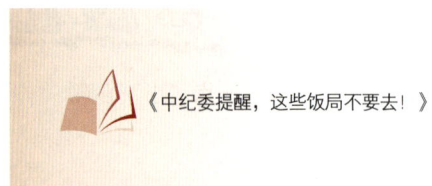《中纪委提醒，这些饭局不要去！》

11. 接受、提供可能影响公正执行公务的宴请或者旅游、健身、娱乐等活动安排。

12. 违反有关规定取得、持有、实际使用运动健身卡、会所和俱乐部会员卡、高尔

打得远远的

夫球卡等各种消费卡（券），或者违反有关规定出入私人会所。

第三方面

违规从事营利活动

13. 通过民间借贷等金融活动获取大额回报，可能影响公正执行公务。

> **知识延伸**
>
> "可能影响公正执行公务"，主要是指与执行公务相关联、与公正执行公务相冲突，包括管理和服务对象所赠，也包括主管范围内的下属单位或个人所赠，还包括与工作业务有关的外商、私营企业主所赠。

14. 违反有关规定从事营利活动，经商办企业、拥有非上市公司（企业）的股份或者证券、买卖股票或者进行其他证券投资、从事有偿中介活动、在国（境）外注册公司或者投资入股以及有其他违反有关规定从事营利活动的行为等。

能者多"帽"

15. 利用参与企业重组改制、定向增发、兼并投资、土地使用权出让等工作中掌握的信息买卖股票,利用职权或者职务上的影响通过购买信托产品、基金等方式非正常获利。

16. 违反有关规定在经济组织、社会组织等单位中兼职,或者经批准兼职但获取薪酬、奖金、津贴等额外利益。

倍儿爽

加强对亲属和身边工作人员的教育和约束，严格要求配偶、子女及其配偶不得违规经商办企业，不得违规任职、兼职取酬。

——《中国共产党党内监督条例》

17. 离职或者退（离）休后违反有关规定担任上市公司、基金管理公司独立董事、独立监事等职务，或接受原任职务管辖的地区和业务范围内或者与原工作业务直接相关的企业和中介机构等单位的聘用，或者个人从事与原任职务管辖业务或者与原工作业务直接相关的营利活动。

享乐在后

18. 离职或者退（离）休后利用原职权或者职务上的影响，为配偶、子女及其配偶等亲属和其他特定关系人从事经营活动谋取利益。

19．离职或者退（离）休后利用原职权或者职务上的影响为他人谋取利益，本人的配偶、子女及其配偶等亲属和其他特定关系人收受对方财物。

20．党员领导干部的配偶、子女及其配偶，违反有关规定在该党员领导干部管辖的地区和业务范围内从事可能影响其公正执行公务的经营活动，或者有其他违反经商办企业禁业规定行为。

21．党和国家机关违反有关规定经商办企业。

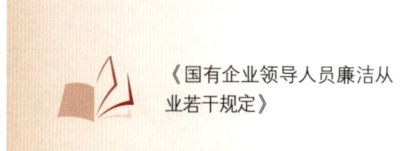
《国有企业领导人员廉洁从业若干规定》

第四方面

违反工作生活待遇规定

22．党员领导干部违反工作、生活保障制度，在交通、医疗、警卫等方面为本人、配偶、子女及其配偶等亲属、身边工作人员和其他特定关系人谋求特殊待遇。

23．在分配、购买住房中侵犯国家、集体利益。

"顺风车"

中国共产党党员永远是劳动人民的普通一员。除了法律和政策规定范围内的个人利益和工作职权以外，所有共产党员都不得谋求任何私利和特权。

——《中国共产党章程》

各级领导干部是人民公仆，没有搞特殊化的权利。中央政治局要带头执行中央八项规定。各级领导干部特别是高级干部要坚持立党为公、执政为民，坚持公私分明、先公后私、克己奉公，带头保持谦虚、谨慎、不骄、不躁的作风，保持艰苦奋斗的作风，带头执行廉洁自律准则，自觉同特权思想和特权现象作斗争，不准利用权力为自己和他人谋取私利，禁止违反财经制度批钱批物批项目，禁止用各种借口或巧立名目侵占、挥霍国家和集体财物，禁止违反规定提高干部待遇标准。

——《关于新形势下党内政治生活的若干准则》

第五方面

违规占有、使用公款公物

24. 利用职权或者职务上的影响,侵占非本人经管的公私财物,或者以象征性地支付钱款等方式侵占公私财物,或者无偿、象征性地支付报酬接受服务、使用劳务。

> **知识延伸**
>
> "象征性地支付钱款",主要是指购买物品时以明显低于同类同等物品当时当地市场零售价的价格付款的行为。
>
> "象征性地支付报酬接受服务、使用劳务",主要是指行为人在接受服务、使用劳务后所支付的费用,明显低于实际发生的应当支付的服务费、劳务费。

25. 利用职权或者职务上的影响,将应当由本人、配偶、子女及其配偶等亲属、身边工作人员和其他特定关系人个人支付的费用,由下属单位、其他单位或者他人支付、报销。

"丰收"

26. 利用职权或者职务上的影响，违反有关规定占用公物归个人使用，时间超过六个月。

27. 占用公物进行营利活动，或将公物借给他人进行营利活动。

28. 违反有关规定组织、参加用公款支付的宴请、娱乐、健身活动，或者用公款购买赠送或者发放礼品、消费卡（券）等。

29. 违反有关规定自定薪酬或者滥发津贴、补贴、奖金、福利等。

一些不起眼的小便宜，但面广量大，已经成为诱发腐败的直接动因，其危害不可小视。一些人认为现在有点小问题、小毛病的人很多，国家管不过来，单位无暇顾及，与其保持操守，不如随波逐流……俗话说，针尖大的窟窿能透过斗大的风。这类行为实际上就是以权谋私，必须下决心加以解决。这样既能净化社会风气，又能促进反腐倡廉。

——习近平总书记在十八届中央纪委二次全会上的讲话（2013年1月22日）

第六方面

公款旅游

30．公款旅游或者以学习培训、考察调研、职工疗养等为名变相公款旅游。

公款铺路，"吃好、玩好"

31．改变公务行程，借机旅游。

32．参加所管理企业、下属单位组织的考察活动，借机旅游。

33．以考察、学习、培训、研讨、招商、参展等名义变相用公款出国（境）旅游。

党政机关应当建立健全并严格执行国内差旅内部审批制度，从严控制国内差旅人数和天数，严禁无明确公务目的的差旅活动，严禁以公务差旅为名变相旅游，严禁异地部门间无实质内容的学习交流和考察调研。

国内差旅人员应当严格按规定乘坐交通工具、住宿、就餐，费用由所在单位承担。

差旅人员住宿、就餐由接待单位协助安排的，必须按标准交纳住宿费、餐费。差旅人员不得向接待单位提出正常公务活动以外的要求，不得接受礼金、礼品和土特产品等。

——《党政机关厉行节约反对浪费条例》

第七方面

违反公务接待、会议活动、办公用房、公务交通工具等管理规定

34. 违反接待管理规定，超标准、超范围接待或者借机大吃大喝。

35. 违反会议活动管理规定，到禁止召开会议的风景名胜区开会。

> 各级党政机关一律不得到八达岭—十三陵、承德避暑山庄外八庙、五台山、太湖、普陀山、黄山、九华山、武夷山、庐山、泰山、嵩山、武当山、武陵源（张家界）、白云山、桂林漓江、三亚热带海滨、峨眉山—乐山大佛、九寨沟—黄龙、黄果树、西双版纳、华山21个风景名胜区召开会议，禁止召开会议的区域范围以风景名胜区总体规划确定的核心景区地域范围为准。
>
> ——《关于严禁党政机关到风景名胜区开会的通知》

36．违反会议活动管理规定，决定或者批准举办各类节会、庆典活动。

37．擅自举办评比达标表彰、创建示范活动或者借评比达标表彰、创建示范活动收取费用。

38．违反办公用房管理等规定，决定或者批准兴建、装修办公楼、培训中心等楼堂馆所。

"新"地标

39．违反办公用房管理等规定，

超标准配备、使用办公用房。

40. 违反办公用房管理等规定，未经批准租用、借用办公用房。

> 党政机关应当建立公务接待审批控制制度，对无公函的公务活动不予接待，严禁将非公务活动纳入接待范围。
>
> 建立国内公务接待清单制度，如实反映接待对象、公务活动、接待费用等情况。接待清单作为财务报销的凭证之一并接受审计。
>
> 党政机关应当从严配备实行定向化保障的公务用车，不得以特殊用途等理由变相超编制、超标准配备公务用车，不得以任何方式换用、借用、占用下属单位或者其他单位和个人的车辆，不得接受企事业单位和个人赠送的车辆。
>
> 党政机关办公用房应当严格管理，推进办公用房资源的公平配置和集约使用。凡是超过规定面积标准占有、使用办公用房以及未经批准租用办公用房的，必须腾退；凡是未经批准改变办公用房使用功能的，原则上应当恢复原使用功能。严禁出租出借办公用房，已经出租出借的，到期必须收回；租赁合同未到期的，租金收入应当按照收支两条线管理。
>
> ——《党政机关厉行节约反对浪费条例》

41．违反办公用房管理等规定，用公款包租、占用客房或者其他场所供个人使用。

42．违反有关规定配备、购买、更换、装饰、使用公务交通工具或者有其他违反公务交通工具管理规定的行为。

第八方面

搞权色、钱色交易

43．搞权色交易或者给予财物搞钱色交易。

合拍

> 各级领导干部必须严以修身、严以用权、严以律己，谋事要实、创业要实、做人要实，经得起权力、金钱、美色考验，用党和人民赋予的权力为人民服务。
>
> ——《关于新形势下党内政治生活的若干准则》

四、违反廉洁纪律行为剖析

在党员干部违反的纪律中,最为常见的就是违反党的廉洁纪律。一些党员干部由于经不住权力、金钱、美色的诱惑,收了不能收的,送了不必送的,拿了不该拿的,占了不应占的,不仅败坏了社会风气,还损害了党的形象,最终受到了党纪国法的严惩。

（一）这红包那红包,包包都是炸药包

某市政协原党组成员罗某某,于2008年7月至2019年1月期间,利用本人职权和地位形成的便利条件,在企业投融资、工程项目承揽、调整用地性质、干部选聘、子女入学等方面为他人提供帮助,大搞权钱交易。他多年来收受他人财物,从几百元的红包到上万元的贿赂不等,最大的一笔达50多万元,共计收受人民币1100多万元、美元11万元、港币30万元,价值人民币60多万元的车辆2辆。

解析

依据《中国共产党纪律处分条例》第九十七条"收受可能影响公正执行公务的礼品、礼金、消费卡(券)和有价证券、股权、其他金融产品等财物"的规定,罗某某的行为严重违反了廉洁纪律。

天下没有白捡的红包。吃人嘴软,拿人手短,收受别人的好处肯定就要为别人办事。权力是把双刃剑,用得好造福于人民,用不好则害人害己。罗某某把党和人民赋予的权力当成私器,突破了纪律和法律的底线,假公济私、以权谋私,沦为权奴、钱奴,最终走向毁灭的深渊。

清风提示

除了红包之外,各种"感谢费"、劳务费、辛苦费都是权力变相的不同表现形式。扒下这些浮华的、温情脉脉的外衣,里面都是赤裸裸的权钱交易。党员干部一定要心有所惧、行有所戒,切勿在党纪面前玩弄一手交权、一手交钱的把戏。

《向"升学宴"说"不"》

（二）既想当官又想发财，结果两头空

某县委原书记杨某某亦官亦商，一直走在既要有名又要有利的路上。早在他担任某县常务副县长期间，就曾出资80万元，与人合伙做水泥生意，获利400万元。他所在的贫困县要修建一条道路，他以权力入股25%，成了这条道路工程的隐形股东。他还通过充当幕后老板，伙同两个弟弟，四处招揽工程，获利数百万元。最终受到党纪国法的制裁。

> **解析**
>
> 依据《中国共产党纪律处分条例》第一百零三条"违反有关规定从事营利活动，……经商办企业"的规定，杨某某的行为违反了廉洁纪律。

习近平总书记指出,"鱼和熊掌不可兼得,当官发财两条道,当官就不要发财,发财就不要当官。"一些领导干部利用手中的职权和职务影响违规经商办企业,将手中权力变现为经济收入。这种官不像官、商不是商的行为,不仅扰乱了正常的市场经济秩序,而且败坏了党风政风,必须坚决杜绝。

清风提示

权力姓"公"不姓"私",做官从政的目的是为人民服务,不是为人民币服务。党员领导干部要致力于做公仆,而不是当老板;要致力于出实绩,而不是赚大钱。如果既当"裁判员",又当"运动员",做着"当官发财两不误"的美梦,将权力作为攫取私利的工具,轻而易举地得到了不义之财,那就要付出惨痛的代价。为官莫念"财"经,从政当断"利"想,为官应断"发财梦"。

 《贪欲之殇》

（三）确认过家人的眼神，是收受财物的人

某省某师范高等专科学校原党委书记、市教育局原局长张某默许、纵容家人亲属利用其职务影响收受钱财，伙同妻子、女儿索取、收受40多个单位或个人的房产、现金、银行卡、购物卡等财物，折合人民币864万余元，最终受到党纪国法的追究。

解析

依据《中国共产党纪律处分条例》第九十六条"纵容、默许配偶、子女及其配偶等亲属、身边工作人员和其他特定关系人利用党员干部本人职权或者职务上的影响谋取私利"的规定，张某的行为违反了廉洁纪律。

纵容也好、默许也罢，虽然没有明确表示同意，但却暗示已经许可。纵容默许家人利用自己的职务影响收受各种财物，暴露了贪婪的本性。将公共权力变为谋取私利的工具，将个人利益置于党、国家和群众之上，颠倒了公私、混淆了是非、模糊了义利，失去了人民公仆的本色与初心。

清风提示

党员领导干部能不能秉公办事、能不能秉公用权,不仅在于能不能管住自己,还在于能不能管好身边人。毛泽东同志定下了著名的"三原则":恋亲不为亲徇私,念旧不为旧谋利,济亲不为亲撑腰。即使是解放后,面对杨开慧之兄等湖南老家亲戚朋友提出要到北京工作的请求,他都一概婉拒,为全党同志守住廉洁底线树立了标杆。

(四)眼看他宴宾客,眼看他楼塌了

某局党员领导干部张某筹办婚礼,向本单位申请报备婚宴26桌,计划宴请亲属、朋友、同事260人左右。次年1月,他在实际操办过程中,婚宴桌数52桌,人数达600多人,而且参加婚宴的人里面还有他的服务管理对象。同时,他还回老家操办了一场婚礼,但没有向组织人事部门报备。事后张某受到了党纪处分。

解析

依据《中国共产党纪律处分条例》第一百条的规定,张某"利用职权或者职务上的影响操办婚丧喜庆事宜",其行为违反了廉洁纪律。

婚丧喜庆是社会交往的重要部分,正常的婚丧喜庆行为无可厚非。但实际操作中,不按规定大操大办子女婚礼、亲属丧礼、儿孙周岁宴、子女升学宴等事宜,超桌数、人数、礼金数范围宴请亲朋好友、下属、管理服务对象等做法,不仅严重毁坏了党员干部的良好形象,还腐蚀了公权力,在社会上造成了极为恶劣的影响。

清风提示

婚丧嫁娶、工作调动、职务晋升、乔迁新居、生儿育女本是社会常态,相互走动、礼尚往来也是人之常情。既然是"常态"和"常情",就要用平常心来对待,简单的操办和朴实的祝福往往更真实、更走心。如果贪欲无限膨胀,收受了超出正常经济发展水平、风俗习惯、个人经济能力的礼品、礼金、消费卡(券)和有价证券、其他金融产品等,那就违背了联络感情的初衷,违反了党的廉洁纪律。

 (五)以开会为幌子,变相旅游"打卡"

某单位职工刘某等7人,擅自改变在河南的出差行程，借机绕道到嵩山少林寺、陕西兵马俑、甘肃敦煌等地游玩，并违规报销费用4万余元。事后，刘某等7人违规报销的费用被全部追缴，相关人员也受到了相应的党纪处分。

> **解析**
>
> 依据《中国共产党纪律处分条例》第一百一十五条的规定，刘某等人"改变公务行程，借机旅游"的行为违反了廉洁纪律。

借开会之名，行旅游之实。现实中，在公务行程中临时压缩公务时间、改变路线、调整工作行程，"顺道"到周边去旅游等变相公款消费的现象依然较多，不但造成了公共资源的浪费，而且严重损害了党的形象。工作、旅游"两不误"，其本质是官僚主义和享乐主义的典型表现。

> **清风提示**
>
> 一段时间以来，一些人对公款旅游的行为见怪不怪、习以为常，但实际上这些行为是占了公家便宜，损了公家名声。因此，党员领导干部要时刻牢记：公物姓公，严禁私占；公款姓公，严禁乱花；公权为民，严禁私用。

《关于严禁党政机关到风景名胜区开会的通知》

（六）自定标准公款吃喝，吃相很难看

某厅组织进行督察期间，督察组与当地政府办、接待办共同商定每人每天的工作餐标：早餐128元，中餐200元、晚餐200元，合计每人每天528元。督察结束后，督察组6名人员均未交纳伙食费，同时也未交纳应由个人支付的洗衣费、房间电话费、损坏物品赔偿费，并且回去后按公务出差标准报销领取了伙食补助费和市内交通费。

解析

依据《中国共产党纪律处分条例》第一百一十六条"违反接待管理规定,超标准、超范围接待或者借机大吃大喝"的规定,该督察组成员的行为违反了廉洁纪律。

当前,还有不少公职人员认为"不贪污不受贿,吃吃喝喝有啥罪?贪污是犯罪,公款吃喝最多是浪费",这就是公款吃喝难以遏制的根源之一。违规接待和用公款吃喝,不仅消耗财政资金,而且会助长歪风邪气,群众对此反映十分强烈,必须严惩不贷。

清风提示

公款吃喝是纪律作风顽疾,形象丑陋,且面广量大,造成的浪费十分惊人,不仅与中华民族勤俭节约的优良传统背道而驰,更与党的性质和宗旨格格不入。公款吃喝是"标",权力腐败才是"本"。因此,必须堵住公款吃喝的"嘴",整治"舌尖上的腐败"。

《有些饭局其实是个"局"》

（七）拿国家的钱"做人情"，滥发津贴补贴"捞名声"

某国企总经理刘某以关心职工为名，私自发放津贴、补贴金额共计42.18万元，涉及加班费、值班费、过节费、会议补助、交通补贴、电话补贴、采购劳保用品等名目。刘某受到党纪处分，相关违纪资金予以收缴。

> **解析**
>
> 依据《中国共产党纪律处分条例》第一百一十四条"违反有关规定自定薪酬或者滥发津贴、补贴、奖金、福利等"的规定，刘某违反了廉洁纪律。

相对于违规公款吃喝、公款旅游、公车私用等行为，巧立名目发放津贴、补贴行为往往更隐蔽。这些花样百出的"辛苦费""福利"，看似关心爱护干部职工，实则是

拿国家的钱"做人情、捞名声",践踏了纪律底线,破坏了制度规矩。

清风提示

滥发津贴、补贴现象层出不穷、原因繁多,一是一些党员干部对违规发放津贴、补贴或福利"乐此不疲",慷公款之慨、迎下属之好,归根到底还是贪念作祟,贪名逐利;二是由于"以前发、现在发"的惯性使然,"别人发、我也发"的从众心理惯性。这些违规者秉持"有权不用,过期作废""能捞一点是一点"的态度,对单位账上的资金结余,总忍不住要动"歪脑筋",说明了纪律意识淡薄,暴露了损公肥己的贪欲之心。

(八)别人用钱开道,她却用自己做"敲门砖"

某厅级女干部罗某,通过权色交易,让自己的"行情"水涨船高,被包装成名噪一时的"能人"。她利用自己的美色,从普通军转干部,快速成长为某厅实权处长、国企高管,手中掌握的权力越大,捞取大量的政治资本、经济利益,最终受到党纪国法的严惩。

解析

依据《中国共产党纪律处分条例》第一百二十条"搞权色交易或者给予财物搞钱色交易"的规定,罗某的行为违反了廉洁纪律。

权色交易是官场众多怪象之一。无论男性还是女性,在"权""色"之间做交易,都严重违反了党员干部职务行为的廉洁要求,容易引发滥用权力等严重问题,任其发展就会不断滋生腐败,污染政治生态,使党的威信、政府的公信力受到极大伤害。

清风提示

权色交易、钱色交易本质上是利益交换,这与违反生活纪律有所区别。违反生活纪律主要是指"与他人发生不正当性关系,造成不良影响",而权色交易则侧重于"交易"二字,可见,权色交易的性质比不正当两性关系更为恶劣。只有严格遵守党的廉洁纪律,从保持良好的生活作风开始,谨慎用权,廉洁用权,才能始终保持共产党人的政治本色。

五、严守廉洁纪律的"硬核"要求

党的廉洁纪律要求党员干部在任何情况下,都要稳得住心神,管得住行为,守得住底线,时刻保持一身正气,两袖清风,始终敬畏人民、敬畏组织、敬畏法纪,拒腐蚀、永不沾,努力做清正廉洁的表率。

党员廉洁自律规范:

第一条 坚持公私分明,先公后私,克己奉公。
第二条 坚持崇廉拒腐,清白做人,干净做事。
第三条 坚持尚俭戒奢,艰苦朴素,勤俭节约。
第四条 坚持吃苦在前,享受在后,甘于奉献。

党员领导干部廉洁自律规范:

第五条 廉洁从政,自觉保持人民公仆本色。
第六条 廉洁用权,自觉维护人民根本利益。
第七条 廉洁修身,自觉提升思想道德境界。
第八条 廉洁齐家,自觉带头树立良好家风。
——《中国共产党廉洁自律准则》

（一）筑牢拒腐防变的思想道德防线

思想防线一旦攻破，其他防线就很难守住。党员只有筑牢拒腐防变的思想防线，才能筑起挡住"洪水猛兽"的"廉洁堤坝"。

> 思想纯洁是马克思主义政党保持纯洁性的根本，道德高尚是领导干部做到清正廉洁的基础。我们强调坚持德才兼备、以德为先，就是说要把思想道德建设放在十分突出的位置。我们要坚持从教育抓起，教育引导广大党员、干部坚定理想信念、坚守共产党人精神家园，不断夯实党员干部廉洁从政的思想道德基础，筑牢拒腐防变的思想道德防线。
>
> ——《习近平关于党风廉政建设和反腐败斗争论述摘编》，中央文献出版社、中国方正出版社2015年版，第141页

树立清正廉洁理念。观念和态度决定着行为选择，有了清正廉洁的理念才有清正廉洁的做派。我们党员干部要认真学习党的理论，做共产主义远大理想和中国特色社会主义共同理想的坚定信

仰者和忠实践行者；要树立正确的世界观、权力观、事业观，做党的光荣传统和优良作风的继承者和弘扬者；要锤炼道德品质，争做社会主义道德的示范者、诚信风尚的引领者、公平正义的维护者。

增强廉洁自律意识。"毛毛细雨湿衣裳"，每名党员干部能否廉洁自律，最大的诱惑是自己，最大的敌人也是自己。我们共产党人要提高忧患意识、自警意识，要慎独、慎微、慎言、慎行，不因善小而不为，不因恶小而为之，不断增强是非面前的辨别能力，诱惑面前的自控能力，警示面前的醒悟能力。

严守廉洁自律底线。党员干部要算好"廉洁自律人生账"，自觉抵制各种诱惑。面对社会上纷繁复杂的利益、人情、享乐等诱惑，不少党员干部算准了眼前一时的"小账"，却失算了整个人生的"大账"，最后成为不义之财的"保管员"、一败涂地的"大罪人"。因此，广大党员特别是领导干部一定要警惕而谨慎，做到在任何诱惑面前不放纵、不越轨、不逾矩，始终守住做人、处事、用权、交友的底线。

为什么说当官是高危职业？就是说不仅主动以权谋私不行，而且要处处防备社会诱惑。诱惑太多了，处处是陷阱啊！所有自己认为是当官能享受的、产生快感的事情，背后都可能隐藏着罪恶，都可能是陷阱……咱们的门神要摆正，大鬼小鬼莫进来。一个要有情操，这是一道防线；一个要有戒惧，一定要有敬畏之心。一旦犯事，什么都没了，倾家荡产，甚至家破人亡。

——《习近平关于全面从严治党论述摘编》，中央文献出版社2016年版，第182页

《彝族古训·欲望篇》

（二）坚持为民用权、秉公用权、依法用权、廉洁用权

权力，是一柄双刃剑，用好了，为民谋利，助力发展；用反了，害人害己，误党误国，成为社会发展的阻力。党员干部的权力来自党和人民，只能用来为党分忧和为民所用。

> 新松恨不高千尺,恶竹应须斩万竿。
>
> ——[唐]杜甫《将赴成都草堂途中有作,先寄严郑公五首》(其四)
>
> 不矜细行,终累大德。
>
> ——[先秦]《尚书·旅獒》

秉公用权。"公生明,廉生威"。无论身居何职何位,党员干部要把"公尺"放在心里、握在手上、丈量脚步,做到公私分明,大公无私。公私分明,就要一切公物都为公所用,一切公款都为公所花,一切公事都为公所办,决不借着公家名义为私人谋利。大公无私,就要祛除私心杂念,把心思花在办好公务公事上,用手中的权力把党的事业推向前进,用手中的权力为人民谋取更大的福祉。

依法用权。"有权不可任性"。党员干部要时刻把纪律规矩牢记在心中,不断增强法治观念和法治素养,不断提升和强化法治思维,不断培育和践行法治能力,带头依法办事,自觉把自己的一言一行置于法律的约束之下,不乱为、不妄为,在知法、守法、用法、护法的过程中,把权力的"魔杖"变成扶持百姓的"拐杖",让权力在法治

的轨道上运行。

廉洁用权。"权为民之福杖,廉乃官之仪表。"廉洁用权,要心有戒尺,敬畏权力,真正做到政治立场不动摇、是非面前不糊涂、党性原则不丧失;要时刻提醒自我,管住自己的欲望,严格约束个人行为,管好家人和身边人,防止被"围猎";要自觉接受监督,习惯于在"聚光灯"下行使权力,在"放大镜"下开展工作,让权力运行透明、使用规范。总之,要真正做到心中有党不忘恩,心中有民不忘本,心中有责不妄为,心中有戒不逾矩。

（三）厉行节约，反对浪费

"历览前贤国与家，成由勤俭败由奢。"勤俭节约，极大地凝聚了党心民心，推动党和人民的事业蒸蒸日上。奢侈浪费却加速了资源的无效消耗、环境的严重负荷，也带歪了党风政风、社风民风。习近平总书记强调："即使生活一天天好了，也没有任何权力浪费。"党员干部要厉行节约反对浪费，争做勤俭节约的标兵，带动节俭朴素蔚然成风。

艰苦奋斗，杜绝奢靡。我们党是在艰苦环境中成长起来的，是靠艰苦奋斗发展壮大的。艰苦奋斗是我们党的政治本色，也是我们党的精神支撑。为了避免奢靡之风的腐蚀侵害，广大党员要以勤俭为荣、以奢靡为耻，讲艰苦不图安逸，讲奋斗不计名利。在衣食住行等生活待遇方面严格按标准执行，经受住权力、金钱、美色的考验，始终保持共产党人的蓬勃朝气、昂扬锐气、浩然正气。

《彝族古训·自律篇》

办公资源，节约使用。"一粥一饭，当思来之不易；半丝半缕，恒念物力维艰。"党员干部要把勤俭节约贯穿于干工作的始终，从节约纸张、水电等开始，减少不必要的办公损耗。干工作就要有干工作的样子，决不能使用公款消费，既不借出差等工作机会公款旅游，也不找任何理由公款吃喝。

生活消费，量力而行。党员要把勤俭节约的理念和行为转化为日常生活方式。适度消费，家庭日常生活消费要与家庭收入的实际相适应，个人消费要在自己的经济承受能力范围内开支。绿色消费，倡导节能环保、绿色低碳、文明健康的生活方式和消费模式，在日常生活中节约用水用电，使用绿色环保家具家居物品，实行绿色低碳出行等。

婚丧嫁娶，一律从简。党员干部要带头摒弃大操大办、讲排场、摆阔气、高调子、盲攀比、爱炫富等婚丧嫁娶观念，在操办相关事宜及宴请时避免"舌尖上的浪费""车轮上的喧嚣""红包里的面子"，做到讲规矩尺度、守廉洁纪律，力求办得简朴纯真。

《党政机关厉行节约反对浪费条例》

操办婚丧喜庆事宜注意事项：

事前要向组织报备，严格执行。操办婚丧嫁娶等事宜时，要提前向组织报备，说清楚操办时间、地点、邀请人数等情况。严格按照向组织报备的人数和桌数执行。

操办婚丧喜庆"九个严禁"：严禁利用职权或职务影响大操大办、借机敛财；严禁借婚丧喜庆事宜收受与行使职权有关或可能影响公正执行公务的单位、个人的礼金、礼品、有价证券和支付凭证；严禁以单位名义组织宴请；严禁用公款送礼；严禁收受、索取管理和服务对象的财物；严禁违规使用公务用车；严禁擅自放假和影响正常公务活动、机关工作秩序、交通秩序；严禁在本单位或与自己行使职权有关的单位报销或变相报销办理婚丧喜庆事宜的费用；严禁其他违反廉洁自律规定的行为。

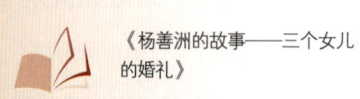

《杨善洲的故事——三个女儿的婚礼》

(四）老实做人、踏实干事、清白为官

党员干部的党性修养、思想觉悟、道德水平、能力素质，不会随着党龄的积累而自然提高，也不会随着职务的升迁而自然提高，必须通过日积月累地学习、终其一生地努力。要成为党和人民的好干部，就要不断改造主观世界、加强党性修养、提升品格陶冶，老老实实做人，踏踏实实干事，清清白白为官。

老老实实做人。党员干部要做老实人，就要严以修身，从加强党性修养开始。持续学习党的理论，不断坚定理想信念；以文化涵养精神，提升道德境界；培养健康兴趣爱好，追求高尚情操；增强鉴别能力，自觉远离低级趣味；增强抗诱能力，自觉抵制歪风邪气。同时要胸襟坦荡、公道正派、光明正大，始终保持一份清醒、一份宁静。

踏踏实实做事。党员干部谋事要实，就要从实际出发谋划事业和工作，使点子、政策、方案符合实际情况、符合客观规律、符合科学精神，要在具体的工作岗位上脚踏实地、真抓实干，敢于担责、善于解决矛盾，善始善终、善作善成，推动党和人民的事业不断取得新成就。

清清白白为官。为官一任，就要努力造福一方，明白手中的权力是党和人民给的,要为党和人民服务,为党和人民造福。要保持政治上的清醒,做政治上的明白人;保持经济上的清白,做经济上的干净人;保持处事上的清正,做处事上的公正人;保持生活上的清爽,做生活上的明净人。

> 要时刻用党章、用共产党员标准要求自己,要有"与人不求备,检身若不及"的精神,时刻自重自省自警自励,努力做到"心不动于微利之诱,目不眩于五色之惑",老老实实做人,踏踏实实干事,清清白白为官。
>
> ——《习近平关于全面从严治党论述摘编》,中央文献出版社2016年版,第125页

第四章　党的群众纪律知与行

　　我们党来自人民、植根人民、服务人民,党的根基在人民、血脉在人民、力量在人民。失去了人民的拥护和支持,党的事业和工作就无从谈起。习近平总书记强调:"我们党要做到长期执政,就必须永远保持同人民群众的血肉联系。"对党员干部而言,遵守群众纪律是践行党的性质宗旨的具体体现,是最基本的要求。我们必须严守群众纪律,始终保持党同人民群众的血肉联系,增强群众观念和群众感情,不断厚植党执政的群众基础。

《中国共产党纪律处分条例》
对违反群众纪律行为的处分

一、什么是群众纪律

党的群众纪律，是党的各级组织和全体党员坚持以人民为中心的发展理念和处理党群关系时必须遵守的行为规则，充分体现了党的性质和宗旨，是密切党同人民群众血肉联系、克服脱离群众危险的重要保证。

二、为什么要严守群众纪律

中国共产党从诞生之日起，就把全心全意为人民服务当成自己的宗旨，严守党的群众纪律，践行了党的性质宗旨、密切了党群关系，确保了群众路线的执行，夯实了人民这一坚实的执政基础。党的群众纪律，一刻都不能松，只能越扎越紧。

严守群众纪律，是践行党的性质宗旨的基本要求。 中国共产党是中国工人阶级的先锋队，是中国人民和中华民族的先锋队，其宗旨就是全心全意为人民服务。我们党没有自己特殊的利益，一切工作都要围绕人民而展开，满足人民的愿望、服务人民的需要、实现人民的向往。各级党组织和党员必须严守群众纪律，将全心全意为人民服务的根本宗旨贯穿到工作始终，全身心投入到为人民谋利益的事业中来，保持我们党的先锋队性质。

严守群众纪律，是密切联系群众的根本保证。 密切联系群众是我们党的光荣传统和优良作风，是党取得革命和建设伟大胜利的根本保证，必须在新时代不断继承和发扬。各级党组织和党员必须严守群众纪律，深入基层、深入群众，最大限度地团结和依靠群众，传承好密切联系群众的传统和作风，延续好党和人民群众"鱼和水""种子和土地"的亲密关系。

严守群众纪律，是执行党的群众路线的刚性约束。 "一切为了群众，一切依靠群众，从群众中来，到群众中去"的群众路线是党的生命线和根本工作路线，是我们党永葆青春活力和战斗力的重要传家宝。执行好群众路线是群众纪律的内在要求，各级党组织和党员干部必须严守群众纪律，把群众观点、群众路线深深植根于思想认识中，真正落实到实际行动上。

严守群众纪律，是巩固党的执政地位的重要保障。 党的执政地位不是一成不变的，过去拥有不等于现在拥有，现在拥有不等于永远拥有。人民是我们党执政的最大底气，是我们党的力量之源和胜利之本，密切联系群众是我们党最大的政治优势，脱离群众是我们党执政后最大的危险。各级党组织和党员干部都必须严守群众纪律，始终把人民利益摆在至高无上的位置，始终确保得到人民的拥护和支持，不断筑牢党长期执政的群众根基。

三、群众纪律负面清单

★ 4个方面　★ 15条负面清单

《中国共产党纪律处分条例》为党组织和党员划定了群众纪律的"红线"，主要划分为4个方面15条负面清单。

第一方面

侵害群众利益

1. 超标准、超范围向群众筹资筹劳、摊派费用，加重群众负担。

"费"尽心机

知识延伸

筹资筹劳是指为兴办村民直接受益的集体生产生活等公益事业，经民主程序确定的村民出资出劳的行为，应遵循村民自愿、直接受益、量力而行、民主决策、合理限额的原则。

摊派是指在国家法律、法规和有关规定之外，要求有关单位或个人无偿地、非自愿地提供财力、物力和人力的行为。

2. 违反有关规定扣留、收缴群众款物或者处罚群众。

秉"公"执法

3. 克扣群众财物，或者违反有关规定拖欠群众钱款。

"多"的给群众，"少"的给自己

《保障农民工工资支付条例》

> 对基层存在的损害群众利益的不正之风，要在搞清楚突出问题的基础上开展专项治理，如拖欠群众钱款、克扣群众财物、侵占群众利益等问题，就要开展专项治理。欠了群众的钱还理直气壮不还，这是哪家的"王法"？党的群众工作纪律放到哪儿了？要组织专门工作班子，开门听意见、汇总情况，确定整改措施，属实的都要立即加以解决，拒不纠正的要采取组织措施和纪律措施。
>
> ——习近平总书记在党的群众路线教育实践活动第一批总结暨第二批部署会议上的讲话（2014年1月20日）

4. 在管理、服务活动中违反有关规定收取费用。

"免费"办理

> 对现有的收费、罚款、集资项目,要重新进行审核,区别不同情况加以处理。凡符合国家审批规定又合理的予以保留,继续执行,但对其中标准过高的要降下来。不合理的要取消,重复收取的要合并。不符合审批规定的收费项目,应立即停止执行。
> ——《关于坚决制止乱收费、乱罚款和各种摊派的决定》

5. 在办理涉及群众事务时刁难群众、吃拿卡要。

群众喝汤,我吃肉

《农村基层干部廉洁履行职责若干规定（试行）》

6. 干涉生产经营自主权，致使群众财产遭受较大损失。

水田里种麦子，旱地里种水稻

> 涉及群众切身利益的决策，要充分听取群众意见。不准向下级提出不切实际的要求，不准强迫命令，严禁欺压百姓，切实解决作风粗暴、办事不公的问题。
>
> ——《关于加强和改进党的作风建设的决定》

7. 在社会保障、社会救助、政策扶持、救灾救济款物分配等事项中优亲厚友、明显有失公平。

群（亲）众优先

> 我们共产党人决不能搞封建社会那种"封妻荫子"、"一人得道，鸡犬升天"的腐败之道！否则，群众是要戳脊梁骨的！
> ——《十八大以来重要文献选编（上）》，中央文献出版社2014年版，第138页

第二方面

欺压群众，充当黑恶势力"保护伞"

8. 利用宗族或者黑恶势力等欺压群众。

横行乡里

> 当前,基层干部队伍主流是好的,但在一些地方、部门、单位,基层干部不正之风和腐败问题还易发多发、量大面广……有的执法不公,甚至成为家族势力、黑恶势力的代言人,横行乡里、欺压百姓。
>
> ——习近平总书记在十八届中央纪委六次全会上的讲话(2016年1月12日)

9. 纵容涉黑涉恶活动、为黑恶势力充当"保护伞"。

有求必应

第三方面

漠视群众利益的不作为、乱作为

10. 对涉及群众生产、生活等切身利益的问题依照政策或者有关规定能解决而不及时解决,庸懒无为、效率低下,造成不良影响。

到底去哪办?!

> 一个时期以来,党内政治生活中也出现了一些突出问题,主要是:在一些党员、干部包括高级干部中,理想信念不坚定、对党不忠诚、纪律松弛、脱离群众、独断专行、弄虚作假、庸懒无为……
>
> ——《关于新形势下党内政治生活的若干准则》

11. 对符合政策的群众诉求消极应付、推诿扯皮,损害党群、干群关系。

把请求当成"球"

反对官僚主义,重在解决脱离实际、脱离群众,消极应付、推诿扯皮,作风霸道、迷恋特权等问题。

——《关于新形势下党内政治生活的若干准则》

在反对官僚主义方面,对各级党政机关特别是领导干部的勤政情况进行监督检查,坚决整治推诿扯皮、办事效率低下问题。专项治理消极应付、不作为、乱作为,门难进、脸难看、事难办以及侵害群众利益的问题。

——《中共中央关于在全党深入开展党的群众路线教育实践活动的意见》

12. 对待群众态度恶劣、简单粗暴,造成不良影响。

"主人"跪着,"公仆"坐着

从乡镇、街道和村、社区等其他基层组织看，有的不关心群众冷暖，责任心不强，坐等上门多、主动问需少，用上网代替上门、用通话代替见面，遇到矛盾绕道走；有的落实惠民政策缩水走样，机械执行、死板操作，好事办不好；有的工作不专心，在位不在岗，天天"走读"，有事找不着人，领导职责空置；有的弄虚作假、欺上瞒下，哄骗上级、糊弄群众；有的方法简单粗暴，对待群众态度恶劣、随意训斥，"通不通三分钟，再不通龙卷风"。

——《习近平关于党风廉政建设和反腐败斗争论述摘编》，中央文献出版社、中国方正出版社2015年版，第19—20页

13. 弄虚作假，欺上瞒下，损害群众利益。

租牛迎检

> 正确认识和评价干部政绩，建立和完善科学的考核标准，坚决刹住弄虚作假、欺上瞒下、追名逐利的歪风。
>
> ——《关于加强和改进党的作风建设的决定》

14. 遇到国家财产和群众生命财产受到严重威胁时，能救而不救。

别多事

> 党员必须履行下列义务：……（八）发扬社会主义新风尚，带头实践社会主义核心价值观和社会主义荣辱观，提倡共产主义道德，弘扬中华民族传统美德，为了保护国家和人民的利益，在一切困难和危险的时刻挺身而出，英勇斗争，不怕牺牲。
>
> ——《中国共产党章程》

第四方面

侵犯群众知情权

15. 不按照规定公开党务、政务、厂务、村（居）务等，侵犯群众知情权。

欢迎监督

> 我们要依法保障全体公民享有广泛的权利，保障公民的人身权、财产权、基本政治权利等各项权利不受侵犯。
>
> ——《十八大以来重要文献选编（上）》，中央文献出版社2014年版，第90页

四、违反群众纪律行为剖析

纪律就是刚性要求，严格执行才能发挥威力。严守群

众纪律，维护群众利益，在任何时候任何情况下都是不容含糊的，如果做了危害群众的事，触犯了群众纪律这个铁规矩，必定受到严肃惩处。

（一）"鸡脚杆上刮油" "蚂蚁腿上割肉"

某村委会主任雷某某在实施农房改造项目过程中，利用职务便利，截留2户农户的农房改造补助资金15000元，索要、收受10户农户的好处费16600元，共计31600元。最终，雷某某受到开除党籍处分，涉案款如数追回并全额返还给农户。

解析

依据《中国共产党纪律处分条例》第一百二十二条"违反有关规定扣留、收缴群众款物"，以及"在办理涉及群众事务时刁难群众、吃拿卡要"的规定，雷某某的行为违反了群众纪律。

"不拿群众一针一线"是我们党的光荣传统。雷某某利用手中职权在服务群众过程中"捞油水""拿好处"，

这是典型的侵害群众利益行为。《中国共产党纪律处分条例》规定,在乡村振兴领域有侵害群众利益行为的,从重或加重处分。雷某某在乡村振兴资金上动手脚,必受严惩。

清风提示

发生在民生领域的"微腐败"看似数额不大,但影响了国家惠民政策的落地落实,消解了国家对群众的温暖和关爱,直接损害了群众切身利益,啃食了群众获得感、幸福感、安全感,挥霍了基层群众对党的信任。全面从严治党,必须坚持"老虎""苍蝇"一起打,既坚决查处领导干部违纪违法案件,又切实解决发生在群众身边的不正之风和腐败问题。

（二）消失的"猪三样"又回来了

"猪三样"是指猪头、猪小肠、猪脖。某居委会原主任潘某某开设屠宰场,利用黑恶势力,垄断当地屠宰市场,强制要求屠户以价格远高于屠宰费的"猪三样"冲抵屠宰费,每头猪非法获利超百元。他将"猪三样"贩卖至外地,以至于"猪三样"在本地市场逐渐消失。潘某某被查处后,消失多年的"猪三样"又回来了。

解析

依据《中国共产党纪律处分条例》第一百二十五条"利用宗族或者黑恶势力等欺压群众"的规定,潘某某的行为违反了群众纪律。

潘某某强制要求屠宰户必须留下"猪三样",以冲抵屠宰费,是典型的欺压百姓、强买强卖的黑恶势力行径。这种行为严重破坏经济社会秩序,为人民群众所深恶痛绝,严重侵蚀党的执政根基,必须坚决予以打击,绝不手软。

清风提示

黑恶势力欺压群众的现象不少,如以暴力、威胁或"贿选""霸选""骗选"等手段,干扰基层选举,把持基层组织;侵吞农村集体财产,攫取非法利益,称霸一方,欺压、残害群众;聚集在农村、"城中村"、城乡接合部拉帮结派、寻衅滋事、打架斗殴、强拿硬要、横行乡里等,都是把为政一方的职权变成了为恶一方的特权。树德务滋,除恶务本,铲除黑恶势力,务必惩防并举、标本兼治。

《石林"潘癫子"落马后，消失的"猪三样"回来了》

（三）做"顺水人情"，"暖"了亲友，"寒"了群众

某村党支部书记、村委会主任罗某某未经民主讨论研究，擅自将救助物资分配给了亲属毕某某。几个月后，又违规提高了两户亲属的农村低保补助标准。同年7月，罗某某又故技重施，违规将属于其他群众的生态护林员名额给了其好友宇某某等2人。最终罗某某受到党纪处分。

> **解析**
>
> 依据《中国共产党纪律处分条例》第一百二十四条"在社会保障、社会救助、政策扶持、救灾救济款物分配等事项中优亲厚友、明显有失公平"的规定，罗某某的行为违反了群众纪律。

优亲厚友是"一人得道，鸡犬升天"的封建思想作

崇。有的党员干部认为自己当了"官",有了权,就要为亲友考虑了,于是就在社会保障、社会救助、政策扶持、救灾救济款物分配等事项中,不按照规定标准执行,不按照民主决策程序办理,把本应分配给群众的名额、款物,作为"顺水人情"优先分配给亲友,明显侵害了群众利益,正所谓"暖"了亲友,却"寒"了群众。

清风提示

公平公正,是做人准则、做事原则,更是为官之道、为政之要,为民办事就要严格按政策办,把一碗水端平,千万不能把好端端的惠民政策,当成了优亲厚友的"顺水人情"。

(四)蛇鼠一窝、狼狈为奸,纵容黑恶势力坐大成势

某县公安局原政委李某充当黑恶势力"保护伞",利用职权有案不立、立而不侦,违反规定擅自将黑社会性质组织犯罪成员刑事拘留强制措施变更为取保候审。更为恶劣的是,他还指使县看守所为黑社会性质组织犯罪成员举办"杀猪宴";违规让黑社会性质组织犯罪成员在羁押期间与家属会见。

解析

依据《中国共产党纪律处分条例》第一百二十五条的规定,李某"纵容涉黑涉恶活动、为黑恶势力充当'保护伞'",其行为违反了群众纪律。

"保护伞"之所以令群众如此痛恨,原因有三:第一,李某作为国家公职人员,不认真履行工作职责,是失职渎职行为,辜负党和人民的信任。第二,李某作为公安局主要领导,本该担当护民职责,反倒成了黑恶势力的"保护伞",完全违背了警务人员的职责和道德操守。第三,在这些"保护伞"的纵容下,为民除害的公权力却成了伤害人民群众的尖刀。

清风提示

坚持扫黑除恶和"打伞破网"同步推进,彰显了以习近平同志为核心的党中央部署开展扫黑除恶专项斗争的坚定决心。在以习近平同志为核心的党中央坚强领导下,各地各部门重拳出击,依法严惩黑恶势力,深挖彻查涉黑涉恶腐败,取得全面胜利,实现了预期目标。推动扫黑除恶专项斗争常态化,需要进一步提高认识,加大力度,把握规律,为人民群众追求美好生活提供更加安全的保障。

(五)"龟速"发钱,"蜗牛式"工作

某镇政府干部杨某未按要求完成经手的民政资金发放,在多次催促、专门安排时间发放后,仍有7笔涉及1567人48.55万元的民政资金长期滞留。此外,其在所负责4个村的农村低保精准施保工作中,对工作进度不跟踪、不过问,具体业务培训、指导不及时,导致精准施保工作严重滞后。

> **解析**
>
> 依据《中国共产党纪律处分条例》第一百二十六条"对涉及群众生产、生活等切身利益的问题依照政策或者有关规定能解决而不及时解决,庸懒无为、效率低下,造成不良影响"的规定,杨某的行为违反了群众纪律。

为人民服务是我们党的一贯宗旨,但有些党员宗旨意识薄弱甚至毫无人民观念,脱离实际、脱离群众、高高在上,工作上敷衍塞责、推诿扯皮、得过且过,杨某就是其中的典型。习近平总书记指出,"脱离群众是我们党执政

后的最大危险"。工作作风上的问题绝对不是小事,如果不坚决纠正不良风气,任其发展下去,就会像一座无形的墙把我们党和人民群众隔离开来,我们党就会失去根基、失去血脉、失去力量。党员干部的这些漠视群众利益的行为,不仅"搁浅"了群众的诉求,严重损害了党群、干群关系,甚至会损害党的执政根基。

清风提示

群众路线是我们党的优良传统之一,是党的生命线和根本工作路线。无论过去、现在和将来,我们党都要坚持一切为了群众,一切依靠群众,从群众中来,到群众中去,把党的正确主张变为实现群众利益的自觉行动,把群众路线贯彻到治国理政全部活动之中,持续保持党的先进性和纯洁性、巩固党的执政基础和执政地位。

《"最美奋斗者"杨善洲》

（六）偷天换日，中饱私囊

某村委会干部杨某某利用职务之便弄虚作假，采取伪造申报材料等手段，虚报指标骗取危房改造补助1.3万元。一次得逞便难以收手，之后，杨某某伙同他人以虚列、签领等方式，虚套征地补偿款5.16万元，个人从中分得1.52万元。2017年6月，杨某某受到开除党籍处分。

> **解析**
>
> 依据《中国共产党纪律处分条例》第一百二十六条的规定，杨某某"弄虚作假，欺上瞒下，损害群众利益"，其行为违反了群众纪律。

利用职务上的便利，虚报、冒领国家补贴，钻了村民不懂政策的空子，以"传统习惯"为幌子，欺上瞒下，实际上是发生在群众身边的不正之风和腐败行为。这暴露出个别基层党员干部无视党纪国法、漠视群众利益的问题，其危害不容小觑。

清风提示

虚报冒领是基层漠视、侵害群众利益问题较为常见的类型之一，有的冒充贫困户身份领取国家补贴，有的虚报项目进度领取工程补助，等等，这些行为如蛀虫一般一点点蚕食着国家的惠民资金，最终遭殃的是群众，需要我们高度警惕，切实加以解决。

（七）欺瞒群众的"障眼法"，逃不过党规党纪的"照妖镜"

某村委会主任徐某某在落实危房改造政策过程中，既不及时组织召开村组干部会讨论、村民代表会评议，也不向群众公开公示，导致不符合条件的农户享受了国家危房改造政策，同时也有侵占专项资金的行为，造成不良影响。

解析

依据《中国共产党纪律处分条例》第一百二十八条"不按照规定公开党务、政务、厂务、村（居）务等，侵犯群众知情权"的规定，徐某某的行为违反了群众纪律。

党的二十大报告中指出,"基层民主是全过程人民民主的重要体现",要保障人民权益、激发人民创造活力,需要维护人民群众的知情权、参与权、表达权、监督权。但在基层实际工作中,有的基层干部由于思想上不重视,对相关政策学习不到位,常常忽视群众的知情权,把党务村务不公开当成常态,党务村务公开倒成了特例。正如徐某某的行为,无法保障群众的知情权、表达权、监督权,更谈不上维护群众的根本利益。

清风提示

为确保群众知情权,广大党员干部应该加强学习、强化意识,探索方式方法,确保群众对党务、政务、厂务、村(居)务等信息应知尽知。在村级层面,所有重大事务决策中,都必须按照"四议两公开"等工作法组织实施。"四议"是指村党支部会提议、村"两委"会商议、党员大会审议、村民代表会议或村民会议决议;"两公开"是指决议公开、实施结果公开。

五、严守群众纪律的"硬核"要求

《中国共产党纪律处分条例》规定了群众纪律的"红线",这是带电的"高压线",我们必须严守群众纪律,自觉远离"高压线",同时要以做合格共产党人的标准和要求,把树牢群众观点、站稳群众立场、做好群众工作落实到具体行动上。

(一)树牢马克思主义群众观点

群众观点是无产阶级政党的根本立场和根本观点,是党制定路线、方针和政策的根本出发点。遵守群众纪律要求每个共产党员牢固树立马克思主义群众观点,全心全意为人民群众服务。

> 群众观点是马克思主义唯物史观的一个基本观点,主要包括:人民群众是历史创造者的观点、虚心向人民群众学习的观点、竭诚为最广大人民谋利益的观点、干部的权力是人民赋予的观点、对党负责和对人民负责相一致的观点等。以上这几个方面相互联系,构成了党的群众观点的有机整体。

掌握马克思主义群众观。人民是历史的创造者，我们赖以生存和发展的衣食住行等物质生活资料，以及我们用之不竭的科学文化政治艺术等精神财富，都由人民创造。在人民的生动实践中，社会在进步，历史在发展。中国共产党深刻认识到人民群众的伟大力量，把人民群众看作"铜墙铁壁"，当作"真正的英雄"，凝聚起人民群众团结奋斗的伟力，谱写了气壮山河的"英雄赞歌"，创造了举世瞩目的"中国奇迹""中国震撼"。每名党员干部都应该明白，没有人民就没有党和国家的一切，必须深刻掌握马克思主义群众观，一切为了人民、一切依靠人民，始终与人民心心相印、与人民同甘共苦、与人民团结奋斗，做出不愧于历史和人民的伟业。

把群众安危冷暖放心上。对群众缺乏感

雷锋雕塑

情，就会目中无人、疏离群众，就做不好群众工作。我们党一直以来坚持"执政为民"的价值理念，始终把群众装在心里，始终为人民谋利益。心无百姓莫当"官"，我们党员干部要不断培养和增强对人民群众的深厚感情，把群众放在心中最高位置，密切关注群众安危冷暖，想群众之所想、急群众之所急、忧群众之所忧。对群众有利的事千方百计办好，损害群众的事坚决不做，永远和人民群众站在一起，以心换心，赢得民心。

树立为民谋利的政绩观。俗话说"当官不为民做主，不如回家卖红薯"，共产党人的政绩就是做得人心、暖人心、稳人心的事情，就是解决群众最关心、最迫切需要解决的问题。树政绩必须是为民动真情、出实招、真谋利，而不能是为了给自己留名、替自己立碑、为自己邀功。做工作不能盲目攀比，不求快速见效，要着眼于为人民谋利益，既要多办一些近期能见效的好事，又要多做一些打基础、利长远，前人栽树、后人乘凉的大事。

一要学习邓小平同志的情怀感。他说:"我是中国人民的儿子,我深情地爱着我的祖国和人民。"二要学习雷锋同志的幸福感。他虽然只活了二十二年,但他说:"什么是幸福?为人民服务是最大的幸福。"三要学习孔繁森同志的境界感。他有一句名言:"爱的最高境界就是爱人民。"四要学习郑培民同志的责任感。他始终把"做官先做人,万事民为先"作为自己的行为准则。五要学习钱学森同志的光荣感。他把群众的口碑当作自己无上的光荣。只有学习和树立这五种崇高的情感,才能心里装着群众,凡事想着群众,工作依靠群众,一切为了群众,切实解决好"相信谁、依靠谁、为了谁"的根本政治问题,努力为人民掌好权、用好权。

——《之江新语》,浙江人民出版社2007年版,第7页

(二)了解群众所思、所盼、所急

我们永远是人民的服务员,我们只有持续不断亲近群众,扑下身子深入群众,用对方法了解群众所思、所盼、所急,才能找到工作的方向和目标服务好群众。

> 密切联系群众，是党员干部的一项基本功。要提高领导水平，就要眼睛向下，善于从群众的实践中汲取营养，获得真知。在我们前进的道路上有许多困难和问题，究竟从哪里入手去解决问题，依靠什么去战胜困难？从不同的角度可以谈出不同的思路和方法来。但根本的一条，就是要发动群众，依靠群众。

扑下身子才能深入群众。我们离群众有多近，群众对我们就有多亲。无论是农村还是城市，无论是田间地头还是工厂车间，只要有群众的地方就要深入进去，无论是现实世界的群众生活中，还是网络空间的群众舆论中，多听群众声音、多看群众来信、多和群众互动。以平等的身份与群众相处、对话，以亲切、诚恳的态度亲近群众，始终做群众的朋友，拜群众为师，积极疏通和拓展同人民群众联系的渠道。

全国师德标兵张桂梅

用对方法才能了解群众。要主动找到与工人、农民、知识分子和社会各界人士交朋友的方法，和群众同围一张桌子、同坐一条板凳，和群众零距离、面对面促膝谈心，与群众建立QQ群、微信群，经常在线沟通。要学会用大众化、口语化、具体实在、通俗易懂的群众语言与群众交流。要会用群众的语言传递党的声音，用接地气的话语解释党的方针政策，让群众听得明白、干得起劲。

找到目标才能服务群众。群众的期盼为我们指明了工作的方向目标，准确了解民情，找到工作目标才能服务好群众。

党员干部楷模杨善洲

了解群众期盼要全面细致摸清民情，将群众的情况基本了解之后，深入分析民情，分析群众期盼有哪些，重点在哪里，原因是什么，解决的办法在哪里，等等，将收集到的民情转化为我们做好工作的目标和切入点。

各级领导干部在调研工作中,一定要保持求真务实的作风,努力在求深、求实、求细、求准、求效上下工夫。

"深",就是要深入群众,深入基层,善于与工人、农民、知识分子和社会各界人士交朋友,到田间、厂矿、群众和社会各层面中去解决问题。"实",就是作风要实,做到轻车简从,简化公务接待,真正做到听实话、摸实情、办实事。"细",就是要认真听取各方面的意见,深入分析问题,掌握全面情况。"准",就是不仅要全面深入细致地了解实际情况,更要善于分析矛盾、发现问题,透过现象看本质,把握规律性的东西。"效",就是提出解决问题的办法要切实可行,制定的政策措施要有较强操作性,做到出实招,见实效。

——《之江新语》,浙江人民出版社2007年版,第1页

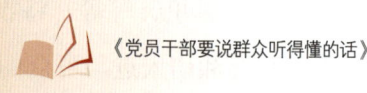
《党员干部要说群众听得懂的话》

（三）把群众工作做实、做深、做细、做透

人民是国家的主人，党员干部是人民的公仆，这种关系任何时候都不能颠倒，否则就会因忘了根本而动摇根基。做公仆就要一心为民，从群众意愿出发，热情周到快捷地做好群众服务工作，把群众工作做实、做深、做细、做透。

从群众意愿出发做好群众工作。做好群众工作要从实际出发，从群众意愿出发，量力而行、尽力而为，精心谋事、潜心干事，为群众办实事、办好事，着力解决好群众最关注、最盼望、最直接、最现实的问题。千万不要搞脱离实际、脱离群众、劳民伤财、吃力不讨好的事情，也千万不能干不顾群众意愿、破坏群众首创精神、损害群众利益的强迫性行为。

热情周到的态度做好群众工作。服务态度决定服务行动。党员干部要微笑服务，把笑容留给群众，缩短与群众的心理距离；要良言服务，用温和的话语增进与群众的交流和沟通；要耐心服务，善于安抚群众的焦急情绪，用心用情办好群众的事。总之，以热情周到的服务态度赢得群众信赖和点赞，使党为人民服务的阳光，温暖地照进群众的心田。

用"马上就办"的服务效能做好群众工作。群众工作看似一桩桩"小事",但都是关系群众切身利益的"大事",有的甚至是急事、难事,必须及时有效加以解决。各级党组织和党员要树立马上就办的意识,养成马上就办的工作作风,对群众工作必须有紧迫感,不拖不推,闻风而动,雷厉风行,说办就马上着手办理,能解决的要抓紧解决,今日事今日毕;同时还必须对群众工作有责任感,不等不靠,能吃苦,肯付出,暂时不能解决的事情和问题要创造条件加以解决,千方百计为群众解决问题。

 《彝族古训·感恩篇》

 (四)维护好、实现好、发展好群众利益

为民服务、为民谋利,说到底就是要维护好人民群众最根本、最切实、最直接的利益。维护好群众的切身利益,使群众的正当权利得到保障,使群众的生命安全有人守护。

确保群众知情权。阳光是最好的防腐剂，群众是最好的监督员。党员干部要加强对涉及群众知情权的法规制度的学习，增强公开意识，知晓公开内容和要求，切实保障党务、政务、厂务、村（居）务让群众知晓、受群众监督。除了用公示栏、墙报、广播、电视等传统的公开方式外，还要充分利用官方微信号、官方微博、钉钉等新媒体、新平台，不断创新各项信息公开的渠道，拓宽信息覆盖面与受众面，达到公开效果。

维护群众切身利益。坚决杜绝利用行业和岗位赋予的职权乱收费、乱罚款、乱摊派等行为，做到不该收的钱物，一分一厘都不能收。惠民政策执行到底，涉及社会保障、社会救助、政策扶持、惠农惠民、救灾救济等领域的政策，精准服务人民群众，不折不扣地落实到群众中。严肃惩治侵害群众利益、伤害群众感情的行为。相关监管部门要认真履行监督职责，不断拓宽监督渠道，增强监督合力，倒逼责任落实，真正守护住群众的切身利益。

荒山变茶山

 《中国共产党党务公开条例（试行）》

守护群众生命安全。群众生命安全至高无上，守护人民群众生命安全是我们的重大责任。每一位党员入党时，曾许下"随时准备为党和人民牺牲一切"的铮铮誓言。面对人民群众的生命安全受到严重威胁的情况，我们坚决不能临危退缩，也不能视而不见，必须在关键时刻冲得上去、危难关头豁得出去，想一切能够想到的办法、采取一切能够采取的措施，来保护群众的生命安全不受损害。

> 相对于"远在天边"的"老虎"，群众对"近在眼前"嗡嗡乱飞的"蝇贪"感受更为真切。"微腐败"也可能成为"大祸害"，它损害的是老百姓切身利益，啃食的是群众获得感，挥霍的是基层群众对党的信任。对基层贪腐以及执法不公等问题，要认真纠正和严肃查处，维护群众切身利益，让群众更多感受到反腐倡廉的实际成果。
>
> ——《习近平关于全面从严治党论述摘编》，中央文献出版社2016年版，第193—194页

第五章　党的工作纪律知与行

　　保证党的各项工作顺利进行离不开严明的工作纪律。习近平总书记指出："伟大梦想不是等得来、喊得来的，而是拼出来、干出来的。"每名党员都必须要时刻拴紧工作纪律的"安全阀"，撸起袖子加油干，扑下身子抓落实，做到能干事、干成事、不出事。

《中国共产党纪律处分条例》
对违反工作纪律行为的处分

一、什么是工作纪律

党的工作纪律，是各级党组织和全体党员在党的各项具体工作中必须遵守的行为规则，是党的各项工作正常开展的重要保证。工作纪律强调正确履职，担当尽责，反映工作作风要求。

二、为什么要严守工作纪律

对党是否绝对忠诚、是否遵从党组织要求、是否做到廉洁自律、是否始终保持与人民群众的血肉联系，都体现在具体的工作实践当中，需要工作纪律做保障。只有严守党的工作纪律，才能做到讲实话、干实事，敢作为、有担当，言必信、行必果，向党和人民交出满意的答卷。

严守工作纪律，是规范工作行为的有效途径。党和国家的事业发展，离不开全党上下在工作中脚踏实地、真抓实干，也离不开全体党员干部在岗位上尽职尽责、敬业奉献，在工作中规范自己的言行，守住工作纪律的底线，进而减少工作失误、确保工作安全、提高工作效率。只有每个党员严守工作纪律，才能在规范化的工作运行、工作流程、工作管理的全程中谋好政、行好权、尽好责、干好事。

严守工作纪律，是改进工作作风的必然要求。工作作风反映工作态度，决定工作效果，事关党和政府的形象，事关人民群众的评判。党的十八大以来，全党上下严格落实中央八项规定精神，持续改进工作作风，纠治"四风"取得重大成效。但是，形式主义、官僚主义等作风恶习具有顽固性、反复性和危害性，需要下硬功夫和花大力气来解决。只有每个党员干部严守工作纪律，驰而不息改进工作作风，才能以求真务实的工作作风取信于民，推进事业发展。

严守工作纪律，是提高工作效能的重要保障。 工作效能是工作能力、工作效率、工作成果的集中反映，决定着经济社会各方面的发展、国家富强和人民幸福的实现。只有每个党员干部都严守工作纪律，才能在正确的工作目标、科学的工作规划、明确的工作要求、规范的工作标准的指引下，切实把精力用在出实绩上，进一步改进工作方式，增强工作本领，降低工作成本，提升工作效能，以实实在在的工作、实实在在的成绩赢得党的信任、赢得人民的点赞。

三、工作纪律负面清单

★ 6个方面　　★ 24条负面清单

《中国共产党纪律处分条例》为党组织和党员划定了工作纪律的红线，主要划分为6个方面24条负面清单。

第一方面

对上级决策部署落实不力,"新官不理旧账"

1. 工作中不负责任或者疏于管理,贯彻执行、检查督促落实上级决策部署不力,给党、国家和人民利益以及公共财产造成较大损失。

上级决策部署挂在墙上,锁在保险柜里

> 靠几句浮夸的口号和一些空洞的政策,是根本无法应对当前复杂局面的,必须发扬"严"和"实"的作风。我们是"行动党",不是"口号党",要求真务实、讲真话、办实事,防止急功近利,做到"功成不必在我"。
> ——《习近平关于力戒形式主义官僚主义重要论述选编》,中央文献出版社2020年版,第54页

2. 不敢斗争、临阵退缩。

看看谁的"运气"不好

> 斗争是一门艺术，要善于斗争。在各种重大斗争中，我们要坚持增强忧患意识和保持战略定力相统一、坚持战略判断和战术决断相统一、坚持斗争过程和斗争实效相统一。领导干部要守土有责、守土尽责、召之即来、来之能战、战之必胜。
>
> ——习近平同志在2019年秋季学期中央党校（国家行政学院）中青年干部培训班开班式上的讲话（2019年9月3日）

第二方面

搞形式主义、官僚主义

3. 热衷于搞舆论造势、浮在表面。

中央明令要落实,
新闻强调一小时。
会上能吹一整天,
实际工作掉链子。

要"绣"不要"秀"

4. 单纯以会议贯彻会议、以文件落实文件,在实际工作中不见诸行动。

这些就是我的"工作"

5. 脱离实际,不作深入调查研究,搞随意决策、机械执行。

6. 违反精文减会有关规定搞文山会海。

7．在督查检查考核等工作中搞层层加码、过度留痕，增加基层工作负担。

第三方面

相关工作中不履行或者不正确履行职责

8．不履行或者不正确履行用餐管理职责。

9．违反机构编制管理规定。

10．不履行或者不正确履行信访工作职责，不履行或者不正确履行职责导致信访事项发生。

11．党组织执行党纪失职。

涛声依旧　　　　　　　　背着处分又如何

12．滥用问责或者问责工作中严重不负责任。

13．失职致使所管理人员叛逃、出逃、出走。

人去哪了？

14. 进行统计造假，对统计造假失察。

15. 不报告、不如实报告工作情况。

材料也就这些了

16. 违反考试、录取工作规定。

包你过

第四方面

违规干预与插手

17. 违规干预和插手市场经济活动。

"关照"一下

强行"灌水"

知识延伸

　　违反规定干预插手市场经济活动，是指党员领导干部违反法律、法规、规章、政策性规定或者议事规则，利用职权或者职务上的影响，向相关部门及其人员以暗示、授意、打招呼、批条子、指定、强令等方式，影响市场经济活动正常开展或者干扰正常监管、执法活动的行为。

18. 违规干预和插手司法活动、执纪执法活动，违规干预和插手公共管理活动。

窃窃私语

19. 对干预和插手行为不报告。

请你们按"规定"办理

> 各级领导干部应当带头遵守宪法法律，维护司法权威，支持司法机关依法独立公正行使职权。任何领导干部都不得要求司法机关违反法定职责或法定程序处理案件，都不得要求司法机关做有碍司法公正的事情。
>
> ——《领导干部干预司法活动、插手具体案件处理的记录、通报和责任追究规定》

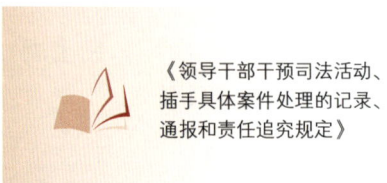 

第五方面

泄露组织秘密

20. 泄露、扩散或者打探、窃取党组织关于干部选拔任用、纪律审查、巡视巡察等尚未公开事项或者其他应当保密的内容。

听者有"意"

不准私自泄露研判、动议、民主推荐、民主测评、考察、酝酿、讨论决定干部等有关情况。

——《党政领导干部选拔任用工作条例》

21. 私自留存涉及党组织关于干部选拔任用、纪律审查、巡视巡察等方面资料。

我也存一份

巡视工作人员应当严格遵守巡视工作纪律。巡视工作人员泄露巡视工作秘密的，视情节轻重，给予批评教育、组织处理或者纪律处分。

——《中国共产党巡视工作条例》

第六方面

涉外工作违规

22. 违规谋求公款出国（境）。

这架飞机"油量"充足

23. 临时出国（境）擅自延长期限、变更路线。
24. 违反驻在国家、地区的法律、宗教习俗。

四、违反工作纪律行为剖析

工作纪律为党员干部的工作行为划定了不可逾越的雷区，守好工作纪律的底线，就是守好自己的"饭碗"。如果党员干部在工作中不敢担当"怕作为"、庸碌无能"不作为"、效率低下"慢作为"、应付了事"假作为"，轻则受处分，重则丢"饭碗"，甚至吃"牢饭"。

（一）工作失职变成政治错误

某县委原常委、政法委书记马某担任扫黑除恶专项斗争领导小组组长期间，在核查涉黑人员问题过程中，工作作风漂浮，履职不力，导致当地扫黑除恶斗争形势愈加严峻复杂。在明知涉黑人员李某存在违法犯罪的情况下，竟向当地公安局协调关系，出具无犯罪记录证明。此外，马某履行全面从严治党政治责任不力，对该县政法系统长期存在的违纪违法问题失管失察，最终致使17名政法系统干部被立案审查调查。

> **解析**
>
> 依据《中国共产党纪律处分条例》第一百三十条"工作中不负责任或者疏于管理，贯彻执行、检查督促落实上级决策部署不力，给党、国家和人民利益以及公共财产造成较大损失"的规定，马某的行为违反了工作纪律。

没有单纯的业务，也没有单纯的政治，任何党政机关的业务工作都是政治工作，都有政治要求。在全国开展

扫黑除恶专项斗争，是以习近平同志为核心的党中央作出的重大决策部署，事关社会大局稳定和国家长治久安，事关人心向背和基层政权巩固。马某担任县扫黑除恶专项斗争领导小组组长，肩负重要领导责任，但他落实中央扫黑除恶专项斗争重大决策部署不力，查处黑恶势力不履职尽责，反映出政治意识不强、政治立场不坚定、责任落实不力、履职尽责不力、工作推动不力等问题，严重影响了当地扫黑除恶专项斗争的工作成效，必须受到严肃处理。

清风提示

在实际工作中，我们一定要力戒事务主义倾向，保持政治定力和战略定力，坚决执行党章党规党纪和宪法法律法规，坚决贯彻党的路线方针政策和党中央决策部署，坚决落实习近平总书记重要指示批示精神，自觉在思想上政治上行动上与党中央保持高度一致，在一切工作中始终坚持党的全面领导。

（二）瞒报实情，换不来牛羊成群

某省派出工作组到基层视察畜牧业发展情况时，时任某县畜牧局局长的张某某，为了显示自己工作开展得好，虚报全县牛羊养殖数量。为了应付检查,他指使下级向牛羊养殖户许以好处,统一口径;同时从外地紧急高价购入近百头牛羊,由专人驱使,考察组到哪,牛羊就跟到哪。当地干部群众对此议论纷纷,还有人拍照后上网发帖,造成严重不良影响。

解析

依据《中国共产党纪律处分条例》第一百四十条"向上级汇报、报告工作时对应当报告的事项不报告或者不如实报告"的规定,张某某的行为违反了工作纪律。

张某某弄虚作假,欺瞒上级,不如实报告情况,不但会误导上级对基层实际情况的掌握,干扰上级作决策出政策,影响上级决策部署的贯彻实施,也会给基层群众造成利益损失,影响群众对党和政府的信任,危害极其严重。瞒报实情背后折射出的是错误的政绩观、权力观,常常还隐藏着滥用职权、权钱交易的腐败问题和不作为乱作为的形式主义、官僚主义作风,辜负了组织和群众的信任,应当受到严肃处理。

清风提示

为党和国家干事业、做工作,不是数字游戏或速度游戏,而是求真务实、真抓实干的过程。然而,现实生活中,一些党员干部在作风建设方面距求真务实的要求还甚远,作风漂浮,说假话,办假事,搞浮夸,爱做表面文章,工作疲沓,办事效率低,工作不深入、不扎实、执行落实不到位等,与新形势、新任务、新要求不相适应。为此,必须大兴求真务实之风、力促真抓实干之举,做到说实话、办实事、鼓实劲、求实效。

(三)挑不好担子就得挨板子

陈某担任林业助理员期间,未按规定对其管护区域进行日常巡护,致使其管护区域内的思茅松林木被张某等4人盗伐355株,价值共计39645元。陈某因工作失职失责且造成重大损失,最终受到党纪处分。

解析

依据《中国共产党纪律处分条例》第一百三十条"工作中不负责任或者疏于管理,贯彻执行、检查督促落实上级决策部署不力,给党、国家和人民利益以及公共财产造成较大损失"的规定,陈某的行为违反了工作纪律。

陈某失职失责导致重大损失的行为,根本原因在于他对林业助理员一职漫不经心。在工作岗位上玩忽职守、不以为然、慵懒对待,实质上是缺乏责任意识和纪律意识的表现。林业助理员是村八大员之一,肩负着守护国家自然资源和保护当地生态环境的直接责任,陈某因履职不力,造成了林木被盗的严重后果和恶劣影响,享受了工资待遇却没有履行岗位责任,受到惩戒实属应当。

清风提示

现实中,有的党员干部敷衍应付、作风漂浮,工作抓而不细、抓而不实;畏首畏尾、推脱责任,遇到问题往上推、工作责任往下甩;疲疲沓沓、拖拖拉拉,情况弄不清、工作没思路。这些现象都集中反映出他们对自己的工作岗位及其相应的职责缺乏端正的态度和正确的履职方式。我们党员干部要明白,无论官职大小、职位高低、任务轻重,有权必有责、有责要担当、失责必追究。

（四）为了护"犊子"，横插一杠子

某市人大常委会原党组书记李某某的女婿，为了发展自家的竹子种植产业，纠集人员强行将他人公司价值118万元的80多亩咖啡树推毁。森林公安机关立案后，李某某强行要求市林业局、市森林公安局把事情调解平息。由于李某某的干预，该案一直未得到妥善解决，直到李某某被留置后才重启调查。

解析

依据《中国共产党纪律处分条例》第一百四十二条"违反有关规定干预和插手司法活动、执纪执法活动，向有关地方或者部门打听案情、打招呼、说情"的规定，李某某的行为违反了工作纪律。

一些党员领导干部以言代法、以权压法，违法干预司法、执法活动，成为阻碍依法执政、依法行政的一大顽症痼疾。《中国共产党纪律处分条例》对违反规定干预司法、执法及其处分作出了最为严格的规定，这是我们党全

面推进依法治国的制度成果,为建设社会主义法治国家提供了有力的纪律保障。

> **清风提示**
>
> 党员领导干部插手干预市场经济活动和司法活动,不仅会扰乱市场经济秩序,破坏公平竞争原则,影响经济社会发展,而且会滋生贪污腐败,为人民群众所深恶痛绝。以习近平同志为核心的党中央直面问题,高度重视法规制度建设,推进以制度管权管事管人,"把权力关进制度的笼子里",用"制度之绳"绑住恣意乱伸的"权力之手",减少权力寻租的机会。广大党员干部要时刻警醒,谨慎用权,决不能任性用权。

《落水的"水爷"》

(五)工作秘密不是"悄悄话"

某省委第四巡视组召开巡视整改会议,安全生产科学研究院原副院长黄某拿到了《巡视反馈意见整改》相关材料,他发现其中有部分涉及本单位要求加强整改的内容。黄某认为这或许会影响到今后与张某公司的合作业务，于是，就将这份巡视整改材料用手机拍摄后发送给了张某。

> **解析**
>
> 依据《中国共产党纪律处分条例》第一百四十四条"泄露、扩散或者打探、窃取党组织关于干部选拔任用、纪律审查、巡视巡察等尚未公开事项或者其他应当保密的内容"的规定，黄某的行为违反了工作纪律。

黄某泄露巡视整改材料的行为，给巡视工作带来了干扰和负面影响，是缺乏保密意识、安全意识、纪律意识的突出表现。"严守党的纪律，保守党的秘密"是每名党员在入党宣誓时的郑重承诺。在革命战争年代，保密就是保生命、保胜利；在和平建设时期，保密就是保安全、保发展。每一名党员干部都必须遵守保密纪律，严格按保密制度办事，严守党和国家的秘密，用实际行动忠诚于党。

清风提示

保密、考试、外事等工作是政治性、安全性要求很高的工作，一旦出现问题，就会造成严重后果，决不可掉以轻心、漠然视之。在考试和录取工作中出现违反有关规定的行为，既有失人事工作和教育工作的公平公正，又破坏党和政府的形象，极易滋生腐败和破坏政治生态。在外事工作中，以不正当方式谋求公款出国（境）的行为，擅自延长在国（境）外期限和擅自变更路线的行为，触犯驻在国家、地区法律、法令的行为等，都会损害党和国家的利益和形象，必须坚决惩治、有效预防。

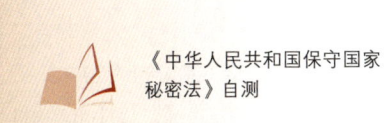

《中华人民共和国保守国家秘密法》自测

五、严守工作纪律的"硬核"要求

严守党的工作纪律，是干事创业的一剂良方。我们要勇挑时代重担，就要在严守工作纪律的前提下，以"等不起"的紧迫感、"慢不得"的危机感、"坐不住"的责任感，在岗位上带头履职尽责，率先担当作为，认认真真做好每件事，踏踏实实干好每一天。

（一）在大局中真抓实干

真抓才能攻坚克难，实干才能梦想成真。为党和国家的利益、为人民的幸福努力工作，既是荣誉，更是责任。广大党员干部一定要善于观大势、谋大事，自觉在大局下想问题、做工作，把准政策，贯彻决策，在马上就办、马上就干的工作节奏中善始善终，善作善成。

> 领导干部要胸怀两个大局，一个是中华民族伟大复兴的战略全局，一个是世界百年未有之大变局，这是我们谋划工作的基本出发点。
> ——习近平总书记在江西考察时的讲话（2019年5月20日）

胸怀大局，着眼大局。党员干部要成长成事，必须要有大视野、大胸怀、大格局。胸怀"两个大局"，我们就会发现，虽然面临的国际形势日趋错综复杂，但我国发展仍处于并将长期处于重要战略机遇期，深化改革、扩大开放的脚步不会迟疑，迈向高质量发展

的趋势不会改变。全体党员干部要把围绕中心、服务大局作为基本职责，胸怀大局、把握大势、着眼大事，找准工作切入点和着力点，做到因势而谋、应势而动、顺势而为，谋定而后动，厚积而薄发。

把准政策，贯彻决策。落实上级决策部署不是喊口号，而要转化为工作实践。接到上级部署的工作任务，首先要认真学习、准确把握、全面领会精神实质，把任务目标搞清楚，弄明白，究竟要干什么、要达到什么目的、有什么相关要求等。既要干，还不能蛮干乱干，更不能出现"歪嘴和尚把经念歪"的情况。在具体的工作岗位上认真落实各项工作要求，做到手中有"行动账"、心中有"明白账"、脑中有"问题账"，集中精力落实好上级决策部署。

马上就办，马上就干。与时间赛跑，才能抓住机遇；同时代并进，才能赢得未来。要不负韶华、只争朝夕，撸起袖子、说干就干。"马上就办，马上就干"需要担当的勇气和能力，需要调查研究、科学决策、现代治理的智慧和本领，需要探索未知、创新突破、积极进取的劲头和才能，更需要转化为具体实践的行动。无论在任何工作岗位上，重在"马上"，贵在"办实"，做到事前有布置，事中有督办，事后有检查、有评估，事事有着落、件件有回音、桩桩都办实。

善始善终，善作善成。党员干部不仅要主动做事，还要把事做好做成。这个就要有真抓的实劲，摸实情、办实事、施实策、求实效，把工作落到实处；要有敢抓的狠劲，要有不完成任务不松气、不达目标不满意、不解决问题不罢休的狠劲，关键时刻挺身而出，困难面前迎难而上，在工作当中敢抓敢管敢为；要有善抓的巧劲，克服"惯性思维""经验思想主义"，积极创新工作思路、工作方法、工作措施、工作载体，及时发现并尽早解决矛盾和问题；要有常抓的韧劲，一事接着一事干，一件接着一件办，一茬接着一茬抓，不贪一时之功，不图一时之名，在抓常抓长中增强才干、推进工作、建功立业，一步一个脚印把党的事业不断推向前进。

《空谈误国 实干兴邦》

（二）在职责内尽心尽力

"肩扛千斤谓之责，背负万石谓之任。"在工作中时刻不忘自己肩负的职责，是党和人民对我们的基本要求和殷切期盼，也是我们的使命所在、职责所系。

> 担使命，就是要牢记我们党肩负的实现中华民族伟大复兴的历史使命，勇于担当负责，积极主动作为，用科学的理念、长远的眼光、务实的作风谋划事业；保持斗争精神，敢于直面风险挑战，知重负重、攻坚克难，以坚忍不拔的意志和无私无畏的勇气战胜前进道路上的一切艰难险阻；在实践历练中增长经验智慧，在经风雨、见世面中壮筋骨、长才干。
>
> ——习近平总书记在"不忘初心、牢记使命"主题教育工作会议上的讲话（2019年5月31日）

签下"责任书"，灌溉"责任田"。党员领导干部特别是主要负责同志作为"施工队长"，要亲力亲为，重要工作亲自部署、重大事项亲自推动、重点环节亲自协调、落实情况亲自督查，努力形成一级抓一级、一级带一级、人人肩上有责任、人人身上有压力、人人工作有动力的良好局面。

磨好"金刚钻",勇揽"瓷器活"。进入新时代,我们党面临的"大考"难度不断提升,"考官"的评判更严、期望更高。这就需要党员干部练就"考试"本领,提升学习本领、政治领导本领、改革创新本领、科学发展本领、依法执政本领、群众工作本领、狠抓落实本领、驾驭风险本领,使自身的素质和能力跟上时代节拍,成为工作的行家里手。

敢于"涉险滩",能啃"硬骨头"。党员干部不管身居何职,无论职务大小,都要做到在问题面前不回避,积极寻找解决问题的思路和办法;在困难面前不推脱,迎难而上克服困难、走出困境;在挫折面前不退步,在挫折中磨炼、在挫折中奋起;在逆境面前不悲观,调整好心态和情绪,保持昂然斗志和奋斗姿态;在有效应对重大挑战、抵御重大风险、克服重大阻力、解决重大矛盾中冲锋在前、建功立业。

(三)在岗位上落细落实

一分部署,九分落实。在拿起"指挥棒"、明确"任务书"、挂起"作战图"之后,最关键的问题,就是把工作落细落实。要结合工作实际,坚持问题导向,从细处入手,向实处着力,努力补齐工作短板,推动各项工作落实到位。

发扬工匠精神。广大党员干部作为走在时代前列的先锋队,要在推行工匠精神中率先垂范,将工匠精神融入工作中,用真才实学、过硬本领、精湛技艺、创新创造、敬业奉献、专注坚持承担起党和国家交给的重任,承担起人民群众的希望嘱托。

下足"绣花功夫"。党员干部只有在本职工作上下足了"绣花功夫",才能按下工作的快进键,跑出工作的加速度。"绣花功夫"的关键之处在于精。在基层治理工作上做到精准治理,精细识别治理问题,提出精准治理方案;在调查研究上做到找问题精准、剖析问题精准、技术方法精准、实施对策精准;在群众工作上做到精准发力,把准群众诉求,把工作真正做到群众的心坎上;在日常工作中做到精准管理,注重各项工作中的数据、日期、名目、责任人、签章等细节,按照相关规定如实填报、汇报、公示等。

> 既要到工作局面好和先进的地方去总结经验，又要到困难较多、情况复杂、矛盾尖锐的地方去研究问题，特别是要多到群众意见多的地方去，多到工作做得差的地方去，既要听群众的顺耳话，也要听群众的逆耳言，这样才能听到实话、察到实情、收到实效。
>
> ——习近平总书记在党的十九届一中全会上的讲话（2017年10月25日）

 《耿家盛：创新，要思"前"想"后"》

拒绝"文山会海"。党员干部在写文章时，要提笔先动脑、下笔多思考、落笔再校稿，把文章写透写活，形成"短实新"的文风。在开会的问题上做到少开会，开短会，开有用的会，提高开会的实效性。

现在,"痕迹管理"比较普遍,但重"痕"不重"绩"、留"迹"不留"心";检查考核名目繁多、频率过高、多头重复;"文山会海"有所反弹。这些问题既占用干部大量时间、耗费大量精力,又助长了形式主义、官僚主义。

——习近平:《努力造就一支忠诚干净担当的高素质干部队伍》,载《求是》2019年第2期

习近平总书记关于反对形式主义官僚主义重要论述摘录

(四)在职权上严守边界

权力行使有边界。任何工作职权的行使都是有规范、有原则、有界限的。作为党员特别是党员领导干部,要认清行使职权的相关规定和有关要求,掌握好行使职权的边界,规范使用工作职权,自觉遵守工作纪律,做到心有所畏、言有所戒、行有所止,老老实实用权,干干净净做事。

> 要着力深化体制机制改革,最大限度减少对微观事务的管理,推行权力清单制度,公开审批流程,强化内部流程控制,防止权力滥用。
>
> ——习近平总书记在十八届中央纪委五次全会上的讲话(2015年1月13日)

规范使用工作职权。工作职权只能为工作所使用,服务于党和国家的一切工作。党员干部要树立正确的职权观,正确对待手中的职权,在职责范围内自觉按原则、按纪律办事,确保权力用得其所、用得其法。在行使职权的过程中,要特别注意决不能干预插手市场经济活动、司法活动和执纪执法活动,任何时候都不搞特权、不以权谋私。

严格保守工作秘密。保密是御敌之盾,泄密是刺己之剑。党员干部要有保密意识,管住自己的嘴,不要到处显摆自己知道的工作秘密。因为工作关系接触到的秘密,要做到宁肯烂到肚子里也不要和家人、亲戚、朋友说,否则一旦泄密,不仅害了自己,也害了他人。

> **谨记保密守则"十不准":**
>
> 不该说的国家秘密,绝对不说;
>
> 不该问的国家秘密,绝对不问;
>
> 不该看的国家秘密,绝对不看;
>
> 不该记录的国家秘密,绝对不记录;
>
> 不在私人交往中涉及国家秘密;
>
> 不在公共场所谈论和处理国家秘密事项;
>
> 不在没有保障的地方存放国家秘密;
>
> 不用普通电话、明码电报、普通邮政传递国家秘密;
>
> 不准擅自复制国家秘密;
>
> 不携带国家秘密文件、资料、物品参观、游览和探亲访友。

遵守考试纪律。党员干部严守工作纪律还必须做到遵守考试纪律。遵守考试纪律,就要在升学、就业、聘任、考核等考试中讲诚信、忌舞弊,自觉抵制各种破坏考试公平公正的行为。

遵守外事纪律。党员干部要按照工作计划、工作原则、工作纪律的要求,在一切对外活动中要严格按照党的方针政策和规章制度办事,站稳立场、坚持原则,分清内外、提高警惕，谦虚谨慎，不卑不亢，坚决维护党和国家及人民的根本利益。

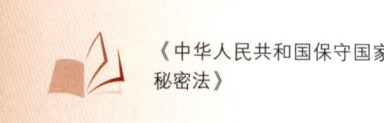《中华人民共和国保守国家秘密法》

第六章　党的生活纪律知与行

永葆党员的先进性和纯洁性，既要在工作和学习上起到先锋模范作用，也要在日常生活和社会交往中以身作则，严以修身、严于律己。习近平总书记指出，领导干部要加强道德修养，带头弘扬社会主义核心价值观，明辨是非善恶，追求健康情趣，不断向廉洁自律的高标准看齐，做到心有所畏、言有所戒、行有所止。每个党员干部都要牢记习近平总书记的教导，把洁身自好作为第一关，从小事小节上加强约束、规范自己。

 《中国共产党纪律处分条例》对违反生活纪律行为的处分

一、什么是生活纪律

党的生活纪律，是党员在日常生活和社会交往中应当遵守的行为规则，涉及党员个人品德、家庭美德、社会公德等各个方面。生活纪律体现了全面从严治党的必然要求，有利于从源头上推进党风廉政建设，形成以优良党风促政风带民风的良好局面。

二、为什么要严守生活纪律

"堤溃蚁孔，气泄针芒。"大量经验事实证明，党员干部的蜕化变质往往是从生活作风不检点、生活情趣不健康开始的。严守党的生活纪律，就是要求党员干部从生活日常的小事小节着手，时刻检点自己生活的方方面面，严以修身、正心明道、防微杜渐，在生活中体现出共产党人的先进性和纯洁性。

严守生活纪律，是在小事小节中锤炼党性的有效途径。党性是一个政党的灵魂，也是每个党员必须持有的价值操守和行为准则。一个党员的党性，不仅要体现在政治生活中，还要体现在日常生活中。但是，一些党员干部疏于日常生活中的党性修养，错误地认为日常生活是个人的私事，就可以无拘无束，放松对自己的要求，结果一步步失陷于各种诱惑，沦陷于各种"围猎"，最终走上违纪违法的歧途。党员的生活并非只是个人的私事，只有在生活中讲规矩守纪律，把锤炼党性贯穿于生活的小事小节中，才能提纯党性。

严守生活纪律，是党员干部做人、处事、为官的基本要求。党员干部在做人、处事、为官的过程中，常常面临着十分严峻的现实考验。一些党员干部在处理社交关系、家庭关系时，往往降低标准、突破底线、失守原则，不仅导致自己身败名裂，而且影响党的形象，败坏党的风气，损坏党和政府的公信力，所谓"不矜细行，终累大德"。党员干部只有坚守做人、做事、为官的基本要求，才能经得起考验，当得起表率、赢得了认可。

严守生活纪律，是锤炼高尚人格的重要保障。邓小平同志说："共产党人干事业，一靠真理的力量，二靠人格的力量。"共产党人的人格力量不仅来自工作上的历练，也源于生活上的锻造，特别是从生活作风、生活情趣、生活方式中映现高尚人格。我们党自成立以来，就继承了中国传统文化中的优秀人格因子，在"修身齐家治国平天下"的道德教化中形成明大德、守公德、严私德的行为操守，将外在的道德规范转化为内在的人格修养。每个党员干部都要严守生活纪律、提升道德修养、加强品德修炼、锤炼高尚人格，不断增强党的亲和力、凝聚力和感召力。

三、生活纪律负面清单

★ **5条规定**

《中国共产党纪律处分条例》用5条生活纪律给党员领导干部在个人道德品行修养及管好家人方面提出了更高的要求。

> 风成于上，俗形于下。领导干部的生活作风和生活情趣，不仅关系着本人的品行和形象，更关系到党在群众中的威信和形象，对社会风气的形成、对大众生活情趣的培养，具有"上行下效"的示范功能。
>
> 一名领导干部的蜕化变质往往就是从生活作风不检点、生活情趣不健康开始的，往往都是从吃喝玩乐这些看似小事的地方起步的。如果领导干部生活作风上不检点、不正派，在道德情操上打开了缺口，出现了滑坡，那就很难做到清正廉洁，很难对社会风气起到正面引导和促进作用。
>
> ——《之江新语》，浙江人民出版社2013年版，第261页

第一方面

生活作风奢靡腐化

1. 生活奢靡、铺张浪费、贪图享乐、追求低级趣味，造成不良影响。

随便吃点

> 要加强立法，强化监管，采取有效措施，建立长效机制，坚决制止餐饮浪费行为。要进一步加强宣传教育，切实培养节约习惯，在全社会营造浪费可耻、节约为荣的氛围。
>
> ——习近平总书记作出重要指示强调，坚决制止餐饮浪费行为，切实培养节约习惯，在全社会营造浪费可耻节约为荣的氛围（2020年8月11日）

喝酒吃肉充好汉
白酒能喝一瓶半
别人笑我酒量浅
我笑别人喝得慢

酒后高歌且放狂

近年来,一些地方将历史建筑、公园等公共资源变为私人会所的现象屡见不鲜,其中存在违法设立经营、侵占群众利益、助长奢靡之风、滋生腐败行为等问题,群众反映强烈。特别是一些党员领导干部出入私人会所,吃喝玩乐,甚至搞权钱交易、权色交易等,严重影响党风政风,带坏了社会风气。

——《关于在党的群众路线教育实践活动中严肃整治"会所中的歪风"的通知》

如饥似渴地"学习"

> **知识延伸**
>
> "生活奢靡、铺张浪费、贪图享乐",主要是指党员背离了党章要求的"吃苦在前,享受在后"和《中国共产党廉洁自律准则》规定的"尚俭戒奢"的要求,以及违背了社会主义荣辱观中"以辛勤劳动为荣、以好逸恶劳为耻"的要求,在生活上贪图享受、宣扬及时行乐,讲排场、比阔气、挥金如土;工作上安于现状、得过且过、拈轻怕重等。
>
> "追求低级趣味",是指党员在兴趣爱好、业余生活中,热衷于庸俗、不高尚、不符合共产党员道德情操的爱好的行为。

第二方面

发生不正当性关系

2. 与他人发生不正当性关系,造成不良影响;利用职权、教养关系、从属关系或者其他相类似关系与他人发生性关系。

"越过道德的边境"

知识延伸

生活纪律中的"与他人发生不正当性关系",要与廉洁纪律中的"权色交易、钱色交易行为"相区分。

"不正当性关系",是指有配偶者又同配偶以外的人自愿发生性关系,或者双方均无配偶,但一方同时与多名异性存在性关系。

权色交易、钱色交易所指的不正当性关系带有利益交换,往往是通过本人职权或者职务上的影响为对方谋利而与之交易,一方以色,另一方通过权和钱谋取不正当利益。这种不正当的性关系,既违反了道德,还侵犯了党员干部的职务廉洁性,只要发生,无论是否造成不良影响,都要处分。

第三方面

对配偶、子女及其配偶失管失教

3. 党员领导干部不重视家风建设,对配偶、子女及其配偶失管失教,造成不良影响或者严重后果。

"科长,我给您送点鱼。"
"这个我不能收。"
"那我送给您夫人吧。"
"这个我管不着,反正她是群众。"

不经自己手就是"安全的"

父：儿子，长大了想做什么？
子：想做爸爸。
父：什么意思？
子：你想要什么，人家都会主动送上门来……

"言传身教"

> 中华民族历来重视家庭。正所谓"天下之本在家"。尊老爱幼、妻贤夫安，母慈子孝、兄友弟恭，耕读传家、勤俭持家，知书达礼、遵纪守法，家和万事兴等中华民族传统家庭美德，铭记在中国人的心灵中，融入中国人的血脉中，是支撑中华民族生生不息、薪火相传的重要精神力量，是家庭文明建设的宝贵精神财富。
> ——《习近平谈治国理政》第二卷，外文出版社2017年版，第353页

知识延伸

家风是一个家庭的精神内核，体现的是父母言传身教、身体力行的榜样示范，体现的是长辈对晚辈耳濡目染、潜移默化的教育，体现的是子孙后代立身处世、言谈举止的准则。

要把家风建设摆在重要位置,廉洁修身,廉洁齐家,防止"枕边风"成为贪腐的导火索,防止子女打着自己的旗号非法牟利,防止身边人把自己"拉下水"。

要管好自己的生活圈、交往圈、娱乐圈,在私底下、无人时、细微处更要如履薄冰、如临深渊,始终不放纵、不越轨、不逾矩,增强拒腐防变的免疫力。

——《习近平、李克强、栗战书、赵乐际分别参加全国人大会议一些代表团审议》,《人民日报》2018年3月11日1版

第四方面

违背社会公序良俗

4. 违背社会公序良俗,在公共场所、网络空间有不当言行,造成不良影响。

把低俗当有趣

给别人看的告示

各级领导干部不得在学校、医院、体育场馆、公共文化场馆、公共交通工具等禁止吸烟的公共场所吸烟，在其他有禁止吸烟标识的公共场所要带头不吸烟。同时，要积极做好禁烟控烟宣传教育和引导工作，督促公共场所经营者设置醒目的禁止吸烟警语和标志，及时劝阻和制止他人违规在公共场所吸烟。

——《关于领导干部带头在公共场所禁烟有关事项的通知》

知识延伸

公序，即公共秩序，主要指维护国家和社会正常发展的一般秩序。

良俗，即良好风俗，主要指维护国家和社会健康发展的一般道德。

遵守公序良俗，主要指党员的行为应当遵守公共秩序，符合善良风俗，不得违反国家的公共秩序和社会的一般道德。

第五方面

违反社会公德、家庭美德

5. 其他严重违反社会公德、家庭美德的行为。

"签到打卡"

> 伟大时代呼唤伟大精神,崇高事业需要榜样引领。当前,全国各族人民正在为实现中华民族伟大复兴的中国梦而奋斗。我们要按照党的十八大提出的培育和践行社会主义核心价值观的要求,高度重视和切实加强道德建设,推进社会公德、职业道德、家庭美德、个人品德教育,倡导爱国、敬业、诚信、友善等基本道德规范,培育知荣辱、讲正气、作奉献、促和谐的良好风尚。
>
> ——《习近平谈治国理政》第一卷,外文出版社2014年版,第159页

"家外"和"家里"

知识延伸

社会公德是指人们在社会交往和公共生活中应该遵守的行为准则,是维护社会成员之间最基本的社会关系秩序、保证社会和谐稳定最起码的道德要求。

家庭美德是家庭生活的道德规范,主要包括尊老爱幼、男女平等、夫妻和睦、勤俭持家、邻里互助等内容。

四、违反生活纪律行为剖析

党的生活纪律给我们列出了生活中哪些事情不能做,划出了"红线",明确了"底线"。很多案例表明,一些党员干部世界观、人生观、价值观偏离,耐不住寂寞、经不起诱惑,沉湎于奢靡享乐,最终滑向违纪违法的深渊。我们要从中吸取教训,使他人教训成为警醒。

（一）今朝有酒今朝醉，会所当家不嫌累

某市原市委书记赵某，喜好在高档会所吃喝玩乐，每个月都要去两三次。为了"服侍好"该书记，圈子里的人根据他的个人喜好，专门为他开设了一家会所。他经常邀集一伙人在这个会所里吃饭、喝酒、唱歌、打牌、吃夜宵，一玩就到凌晨两三点。他喜欢喝高档红酒，嗜好野味，吃饭或宵夜时，通常会特意安排在会所。当然，所有这些消费都是由企业老板买单，赵某的行为造成恶劣影响。在他的审查报告中，违反生活纪律是重要一条。

> **解析**
>
> 依据《中国共产党纪律处分条例》第一百五十条"生活奢靡、铺张浪费、贪图享乐、追求低级趣味，造成不良影响"的规定，赵某的行为违反了生活纪律。

赵某的行为是思想道德滑坡，生活方式不健康的表现。党员干部的生活作风，看似是个人的私事，实质却关乎党的形象作风，是党的建设的重要内容。一些党员干部

奉行及时行乐的人生哲学，玩心很重，背离了我们党艰苦朴素的优良作风，在党员干部和群众中造成了恶劣影响，必须加以纠正。

清风提示

生活奢靡、贪图享乐，往往是因为欲壑难填所致。"人心不足蛇吞象""贪欲是个无底洞"，如果一个人对自己的欲望不加以约束、克制、引导，欲望之海就会如同洪水滔天一般将其淹没。正如明代朱载堉写的《十不足》打油诗那样："置下绫罗身上穿，抬头又嫌房屋低；盖下高楼并大厦，床前却少美貌妻；娇妻美妾都娶下，又虑出门没马骑……若非此人大限到，上到天上还嫌低。"这些不知道"满足"为何物的人，一旦有机会混入领导干部队伍，成为贪官污吏必然是一个大概率事情。

（二）色字头上一把刀，多少官员尽折腰

某省地质调查局原党委书记蒋某随着职务升迁，工作岗位变化，逐渐放松自身要求，沉迷于周围矿老板和不法商人的曲意逢迎，贪图物质享受，追求低级趣味，经常出入娱乐场所，与多名女性发生不正当性关系。更为严重的是，他道德败坏，有了"家外家"和两个私生子，造成严重不良影响。

解析

依据《中国共产党纪律处分条例》第一百五十一条的规定,蒋某"与他人发生不正当性关系,造成不良影响",其行为违反了生活纪律。

从查处的案例看,有些落马官员具有大致相同的"堕落轨迹":一开始,私生活不检点,与异性有不正当性关系,甚至有私生子;因为要维系婚外情,或者帮助情人解决生活上的需求,开始出现收受礼金、受贿索贿等经济问题;贪欲的闸门一旦打开,就在违纪违法的道路上一路狂奔,直至穷途末路。可见,权力一旦与美色为伍,势必助长、加剧腐败的升级和膨胀,从而在贪色并贪财,贪财更加贪色的恶性循环中,彻底地毁掉自己的政治生命。

《八小时之外》

清风提示

透过现象看本质，一些官员声色犬马、贪图美色有其特殊的思想根源、心理动因。有的党员干部把占有异性数量的多少作为人生成功的标志，思想境界之低俗可见一斑；有的因为工作压力大、生活苦闷，靠异性知己来缓解痛苦孤独，殊不知这种"心理慰藉"只能导致更大的心理失衡，带来无穷尽的烦恼和巨大风险；有的夫妻关系不和谐，家庭矛盾激烈，于是在家庭之外寻找温暖，其实这只是逃避矛盾、无力解决问题，用一种矛盾来代替另一种矛盾的表现，无异于饮鸩止渴。

（三）把低俗当有趣，把下流当风流

某区法制局工作人员孔某，经常言行不端，爱调侃女同志，开有色玩笑。他在有四百多人的专项工作微信群里，经常发一些"我们需要女人，特别是美女"等不当言辞。有一次，在看见同事刘某的微信头像后，就开始对该女同志发送挑逗信息。事后，分管领导和刘某要求其道歉，孔某置之不理，还继续发一些色情图片，造成非常恶劣的影响，最终受到留党察看一年的处分。

解析

依据《中国共产党纪律处分条例》一百五十三条"违背社会公序良俗,在公共场所、网络空间有不当言行,造成不良影响"的规定,孔某的行为违反了生活纪律。

尊重女性是一种修养、一种品质、一种文明美德。党员干部本应带头做尊重女性的表率,但孔某却在四百多人的工作群中公然调侃、挑逗女性,把低俗当有趣,把无知当个性,把下流当风流,这种恶劣行为违背了公序良俗,践踏了生活纪律的底线。

清风提示

遵守社会公序良俗,不仅有助于营造和维护良好的公共秩序,还有助于提升全体公民的道德水平。党员干部有别于一般群众,是群众中的先进分子,承担着引导社会移风易俗、形成良好社风民风的责任。

 《论共产党员的修养》

（四）老子管教不严，儿子在"坑爹"路上策马扬鞭

某市卫生局原党委副书记、局长葛某的儿子从小不爱学习，一直想当老板。眼看儿子一事无成，葛某便产生了积累财富为儿子成家立业打基础、谋发展的思想。其子利用父亲的地位和职务影响，为他人谋取不正当利益并收受贿赂。最终父子二人分别因犯利用影响力受贿罪和受贿罪被判刑。

> **解析**
> 依据《中国共产党纪律处分条例》第一百五十二条"党员领导干部不重视家风建设，对配偶、子女及其配偶失管失教，造成不良影响或者严重后果"的规定，葛某的行为违反了生活纪律。

家风问题本质上是领导干部自身的修养、品德、权

力观、政绩观等在子女身上的具体体现。领导干部的一言一行都在为子女作出示范，比如，作为官员的父亲常说："这事情我说了算。"儿子就会在社会上说："你知道我爸是谁吗？"正可谓"家风不正，有你一半也有我一半"。

清风提示

从"坑爹"再到"坑夫"的"严书记夫人""派出所所长童夫人"等，这些社会怪象都说明，家风不正、家教不严，终有一"坑"。领导干部的家风绝不是个人小事、家庭私事，而是直接影响党风、政风、民风的大事。

《杨善洲的家风故事》

（五）乌鸦都有反哺的天性，他却违背人伦、殴打父母

某县市场监督管理局工作人员孙某及其身为公务员的妻子尚某，因看护孩子问题与孙某的母亲产生矛盾，在小区楼道内对其扇耳光、脚踢、殴打，且对周围群众的劝

阻置若罔闻。殴打行为被人录制下来发到网上，引起一片哗然。该县纪委对二人作出处理：孙某、尚某身为中国共产党党员、公职人员，殴打其母亲（婆婆）的行为性质恶劣、情节严重，给予二人开除党籍处分。

解析

依据《中国共产党纪律处分条例》第一百五十四条"有其他严重违反社会公德、家庭美德行为"的规定，孙某、尚某的行为违反了生活纪律。

打人已属不对，打老人更是有违人伦、践踏道德底线。尊老爱幼是中华民族的传统美德，孝敬父母是为人子女应尽的义务。试问：一个对自己父母妻儿不尽心的干部，怎能对党和人民、对事业尽心尽力？一个不爱家人的干部，怎能爱百姓？一个不孝敬父母的干部，没有资格说自己可以全心全意为人民服务。

> **清风提示**
>
> 家是最小国,国是千万家。中华文化历来尊奉家国同构的理念,把"小家"和"大家"的前途命运联系在一起,展现出厚重的家国情怀。国家好、民族好,家庭才能好;反过来,只有家庭这个"细胞"好了,社会才能好,国家才能好。因此,党员干部既要在家修好家德,也要为官修好官德。

《习近平的家国情怀:家是最小国,国是千万家》

(六)公共场合耍"官威",是病得治

某乡副乡长张某到县中医院做CT检查,因病人较多,张某对医生表示工作太忙不想排队。在医生明确告知无医嘱不能按照重患提前检查后,张某出言不逊,自称是领导,并声称:"下午有重要的会要开,耽误了大事,老子弄死你。"并推搡医护人员,造成了恶劣影响。

解析

依据《中国共产党纪律处分条例》第一百五十三条"在公共场所、网络空间有不当言行,造成不良影响"的规定,张某的行为违反了生活纪律。

党员就应该有党员的样子,一言一行、一举一动都应该以党员标准来衡量自己、约束自己,不能随心所欲、胡作非为。有些党员干部在公共场合耍"官威",住院时高

清风提示

态度蛮横、颐指气使、简单粗暴地耍"官威",本质是官僚主义作风和"官本位"思想作祟,权力观扭曲。这只会导致严重脱离群众,令群众不满,损害了党员干部的形象。我们党始终坚决同官僚主义和特权思想作斗争。新中国成立后,毛泽东同志十分重视反对特权腐化问题,借鉴历代政权的兴亡教训,告诫全党:"我们一定要警惕,不要滋长官僚主义作风,不要形成一个脱离人民的贵族阶层。"我们党是马克思主义政党,必须始终坚持全心全意为人民服务的根本宗旨,坚持一切权力属于人民,坚持立党为公、执政为民,决不允许有当"官老爷"、搞特权的思想存在。

高在上，无端训斥医护人员；不配合小区工作，处处要求特殊待遇；等等，这些行为都让群众切齿痛恨，最终都受到了严肃处理。让要"官威"者失威，不仅是纪律要求，更是人心所向。

五、严守生活纪律的"硬核"要求

党员干部要堂堂正正做人、清清白白为官、扎扎实实干事，慎言、慎行、慎独、慎初、慎微，严守生活道德准则和道德规范，做到正身、正己、正言、正行，自觉拒绝各种腐朽生活方式，抵御各种诱惑，努力做一个品德高尚、趣味高雅的人。

（一）少虚度光阴，多健康爱好

生活中有什么样的爱好，可以反映出一个人的生活情趣、价值观念和品位修养。健康的爱好可以陶冶高尚情操，提升生活品位。要把做一个高尚的人、纯粹的人、脱离了低级趣味的人，作为每一个党员的不懈追求和行为常态。自觉坚守精神家园、坚守人格底线，培养读书、运动、音乐、书法等健康的爱好，自觉远离低级趣味，自觉抵制歪风邪气，严守纪律和规矩。

管住爱好，不被"绑架"。有爱好无可厚非，关键是要"爱"之有道，"好"之有度，千万不能被爱好"控制"，谨防爱好成为一些觊觎者瞄准的"突破口"。"不怕领导讲原则，就怕领导没爱好"充分说明：放松警惕，放纵私欲，终将为"爱好"付出沉重代价。党员干部在爱好面前一定要保持警醒，自觉抵制拜金主义、享乐主义的侵蚀，经得住诱惑，管得住小节，不为爱好迷失了方向，丧失了原则。

培养读书等健康的爱好。"腹有诗书气自华"，多充电、多读书，多一点书卷气，少一点庸俗味。党员干部要从"为什么读、读什么书、怎么读书"三个维度来思考读书，把读书学习当成一种生活态度、一种工作责任、一种精神追求，自觉做到爱读书、读好书、善读书。"问渠哪得清如许，为有源头活水来。"新知识、新情况、新事物层出不穷，党员干部只有紧跟时代步伐，主动加快知识更新、优化知识结构、拓宽眼界，才能在挑战中抓住机遇，不断前进。

我到农村插队后,给自己定了一个座右铭,先从修身开始。一物不知,深以为耻,便求知若渴。上山放羊,我揣着书,把羊圈在山坡上,就开始看书。锄地到田头,开始休息一会儿时,我就拿出新华字典记一个字的多种含义,一点一滴积累。我并不觉得农村7年时光被荒废了,很多知识的基础是那时候打下来的。现在条件这么好,大家更要把学习、把自身的本领搞好。

——习近平总书记在中国航天科技集团公司中国空间技术研究院与各界优秀青年代表座谈时的讲话(2013年5月4日)

《彝族古训·知耻篇》

(二)少出去应酬,多回家吃饭

"革命小酒天天醉,喝坏了党风喝坏了胃。"如果党员干部成天忙于各种饭局酒桌、交际应酬,把精力耗费在吃吃喝喝、打牌享乐这些事情上,不仅会伤害身体,影响家庭和谐，也会助长铺张浪费的歪风邪气，甚至走上违纪违法之路。除了工作需要以外，还是要少参加饭局，少一些应酬，多回家吃饭。

要时刻注意管住嘴。"少出去应酬，多回家吃饭"这句简单话语的背后，不仅体现着风清气正，也蕴藏着爱家的大智慧。出去吃饭要弄清楚"谁买单、和谁吃、在哪里吃"等问题，对目的不纯的饭局坚决说"不"，才能做到不触电、不嘴软，也不会栽在因饭而设下的局里。

要多与家人沟通交流。多回家吃饭，多和家人沟通，多和孩子互动，这是一种好家风的传承。与家人吃饭聊天，了解家人的情感诉求，帮助家人排解思想上的困惑，增进家人之间的情感，形成良好的家庭氛围，在天伦之乐中传承良好家风。

> 对领导干部来说，除了工作需要以外，少出去应酬，多回家吃饭。省下点时间，多读点书，多思考点问题，油腻的食物少吃一点对身体有好处。
> ——习近平总书记在十八届中央纪委二次全会上的讲话（2013年1月22日）

《彝族古训·家风篇》

（三）少纵容袒护，多管教约束

作为"关键少数"，领导干部在党和人民事业发展中处于重要地位，要在坚持践行社会主义核心价值观中成为广大群众的表率，当好"排头兵"，对身边的人严加管教。

正人必先正己，严以律己作表率。领导干部首先从自己做起，以身作则，增强公仆意识，树立正确的事业观和权力观，自觉抵制各种诱惑，珍惜个人前途和家庭幸福，为亲属和身边的工作人员树立榜样、作好表率，引领良好社会风气。

> 各级领导干部特别是高级干部要自觉遵守廉政准则，既严于律己，又加强对亲属和身边工作人员的教育和约束，决不允许以权谋私，决不允许搞特权。对一切违反党纪国法的行为，都必须严惩不贷，决不能手软。
>
> ——《十八大以来重要文献选编（上）》，中央文献出版社2014年版，第81—82页

> 我在这里跟大家语重心长嘱咐，要操这点心，家里那点事有时不经意可能就溜过去了，要留留神，防微杜渐，不要护犊子。干部子弟也要遵纪守法，不要以为是干部子弟就谁都奈何不了了。触犯了党纪国法都要处理，而且要从严处理，做给老百姓看。
>
> ——《习近平谈治国理政》第二卷，外文出版社2017年版，第166页

管好配偶、子女和身边工作人员。领导干部要注重家庭、注重家教、注重家风，把"将教天下，必定其家，必正其身"作为必修课，把修身、齐家的要求落到实处，夯实良好家风的文化基础。要严格要求配偶、子女和身边工作人员，避免因要求不严、管教不力，导致个别亲属"靠树乘凉"、借势谋利，甚至危害一方、败坏风气，最后把自己拉下水。

> 各级领导干部特别是高级干部要继承和弘扬中华优秀传统文化，继承和弘扬革命前辈的红色家风，向焦裕禄、谷文昌、杨善洲等同志学习，做家风建设的表率，把修身、齐家落到实处。
>
> ——《习近平谈治国理政》第二卷，外文出版社2017年版，第356页

知识延伸

毛泽东一贯注重家风,他定下了著名的"三原则":恋亲不为亲徇私,念旧不为旧谋利,济亲不为亲撑腰。新中国成立后,面对杨开慧之兄等湖南老家的亲戚朋友提出要到北京工作的请求,他都一概拒绝。

周恩来定了"十条家规":一、晚辈不准丢下工作专程来看望他,只能在出差顺路时去看看;二、来者一律住国务院招待所;三、一律到食堂排队买饭菜,有工作的自己买饭菜票,没工作的由总理代付伙食费;四、看戏以家属身份买票入场,不得用招待券;五、不许请客送礼;六、不许动用公家的汽车;七、凡个人生活上能做的事,不要别人代办;八、生活要艰苦朴素;九、在任何场合都不要说出与总理的关系,不要炫耀自己;十、不谋私利,不搞特殊化。这十条家规,不仅是对亲属的严格要求,更是培养干部家风的极好教材。

陈毅经常对干部说:"干部亲属的言行,在群众中有很强的说服力。"所以,他自己非常注意对亲友们的教育,对他们的要求也非常严格。后来,陈毅的父母提出回老家生活,他提出三条具体的安排意见:一、把两位老人直接送到妹妹家,不要惊动省委;二、找普通民房住,不得向机关要房子;三、安家事宜自行解决。"约法三章"落实后,陈毅很满意。

(四)少交酒肉朋友,多交良师益友

党员干部交友本是常事,可如果不加甄别,不懂自律,则很容易被酒肉朋友"带进沟里"。结交朋友要擦亮双眼、明辨良莠、分清忠奸、纯洁动机、划清公私、保持清醒。尤其是掌握公权力的领导干部，在处理朋友关系时一定要坚持原则、守住底线，防止入"圈"被"套"。

视良师益友为"正衣冠"的镜子。交上一个好朋友，就多了一面镜子，多了一个参谋。党员干部在交友方面一定要多结交些良师益友，保持清醒的头脑，要多同普通群众、基层干部、先进模范、专家学者交朋友，见贤思齐，见不贤而内自省，"亲君子，远小人"，让"朋友圈"充满正能量。

看清交友不慎的严重危害。交上一个坏朋友，就等于雪入墨池，虽溶于水，其色越污。党员干部要做到不交无德之人、不交无义之人、不交无耻之人，自律自省自重，避免因交友不慎，贪图享乐，被"哥们儿"的"糖衣炮弹"击倒。要自觉净化社交圈、生活圈、朋友圈，不能什

> 对于领导干部而言，人情之中有原则，交往当中有政治。身为领导干部，一定要严格交友的原则，慎交友、交好友，哪些人该交，哪些人不该交，应该心中有杆秤。
>
> ——习近平：《用权讲官德　交往有原则》，载《求是》2004年第19期

么饭都吃、什么酒都喝、什么人都交、什么话都说，变成"朋友"办事谋利、违法乱纪的"靠山"和"保护伞"。

（五）少些随心所欲，多讲修养道德

提升个人品德修养。党员干部的个人品德在社会中发挥着巨大的示范作用和影响力，是影响社会道德建设成效的重要因素。党员干部要铸牢理想信念、锤炼坚强党性，在大是大非面前旗帜鲜明，在风浪考验面前无所畏惧，在各种诱惑面前立场坚定。要从大处着眼，小处入手，把加强自我约束，坚守高尚品德，提升自身品质修养作为自觉追求。

"独龙之子"高德荣

带头传承家庭美德。党员干部要自觉树立家庭美德，传承良好家风，还要引导、规范家庭成员知书识礼、明辨是非、勤俭节约、待人友善、讲规重矩、敬业实干。要依照国家法律和社会道德规范，正确处理好夫妻之间、父母同子女、兄弟姐妹、长辈与晚辈、邻里之间的关系，切实以良好的行为和形象带动社会风气的好转。在与异性交往的过程中，要把握基本的交往尺度和礼仪，说话、开玩笑、发微信等细节要得体，注意避嫌，不能搞暧昧、进行语言挑逗、骚扰，更不能搞"家里红旗不倒，外面彩旗飘飘"那一套。

自觉弘扬社会公德。党员干部在社会交往和公共生活中要遵循最简单、最起码、最普通的行为准则，维持社会公共生活正常、有序、健康运行，自觉弘扬文明礼貌、助人为乐、爱护公物、保护环境、遵纪守法等社会公德。要珍惜名节和操守，发挥社会公德的正面作用，慎小事、拘

> 家庭是社会的基本细胞，是人生的第一所学校。不论时代发生多大变化，不论生活格局发生多大变化，我们都要重视家庭建设，注重家庭、注重家教、注重家风，紧密结合培育和弘扬社会主义核心价值观，发扬光大中华民族传统家庭美德，促进家庭和睦，促进亲人相亲相爱，促进下一代健康成长，促进老年人老有所养，使千千万万个家庭成为国家发展、民族进步、社会和谐的重要基点。
>
> ——习近平总书记在2015年春节团拜会上的讲话（2015年2月17日）

小节，防微杜渐，经受住权力、金钱、美色的诱惑，坚定不移地践行社会主义核心价值观，倡导文明新风尚，激发全社会崇德向善的力量。

> 各级领导干部要保持高尚道德情操和健康生活情趣，严格要求亲属子女，过好亲情关，教育他们树立遵纪守法、艰苦朴素、自食其力的良好观念，明白见利忘义、贪赃枉法都是不道德的事情，要为全社会做表率。
> ——《习近平谈治国理政》第二卷，外文出版社2017年版，第356页